도표로 읽는 반야심경

도표로 읽는

글 허암 김명우 그림 배종훈

반야심경

민족사

지금까지 한국에서 출판된 『반야심경』 해설서는 수도 없이 많습니다. 이처럼 많은 해설서가 출판되었다는 것은 한국불교도에게 가장 인기 있고, 애독되는 경전이 『반야심경』이라는 것을 방증합니다. 사실 대승불교권인 한국불교에서 『반야심경』은 모든 법회나 불자들의 모임에서 반드시 봉독되는 아주 친숙한 경전입니다. 이에 편승해서 필자도 『반야심경』 해설서를 낸 사람 중의 하나입니다.

필자는 2002년에 『반야바라밀다심경』이라는 역서를 처음으로 출판하였습니다. 그리고 2010년에는 『범어로 반야심경을 해설하다』를 출판했습니다. 기존의 『반야심경』 해설서는 대부분 현장 스님의 한역을 중심으로 한 것이었는데, 필자는 범본과 한역본을 비교함으로써 『반야심경』에 대한 새로운 해석의 가능성을 제시하였습니다. 이어 초심자도 쉽게 『반야심경』을 이해할 수 있도록 펴낸 것이 『왕초보 반야심경 박사 되다』인데, 이 책은 민족사의 '왕초보 시리즈'의 하나로 기획된 것입니다. 그리고 일본의 저명한 유식학자 요코야마 코이츠의 『유식으로 읽는 반야심경(唯識でよむ般若心經)』을 번역하여 2016년에 출판하였습니다. 이처럼 필자는 지금까지 4종류의 『반야심경』 관련 해설서를 출판했는데, 아마도 한국에서 가장 많은 『반야심경』 해설서를 출판하지 않았을까 합니다.

그러면 이번에 펴낸 『도표로 읽는 반야심경』은 어떤 의도를 담고 있으며, 다른 해설서와 어떤 차이가 있는지 잠시 말하고자 합니다.

첫 번째로 이 책은 해설과 함께 도표[그림]로써 『반야심경』을 해설한 것입니다. 『반야심경』의 해설은 필자가 담당하고, 도표는 배종훈 화가가 담당하였는데, 도표〔그림〕와 함께 해설을 읽는다면 『반야심경』을 이해하는 데 많은 도움이 될 것입니다.

두 번째로 이 책은 누구나 편하게 읽고, 그 내용을 쉽게 이해할 수 있도록 썼습니다. 간혹 깊이 있는 내용도 있지만, 불교 초보자도 충실하게 정독하면 『반야심경』을 이해할 수 있도록 하였습니다.

세 번째로 이 책은 한자를 병기하며 우리말로 풀어서 해설했습니다. 불교 초보자의 가장 큰 어려움은, 아마도 불교의 중요한 용어가 대부분 한자이기 때문일 것입니다. 특히 『반야심경』은 범어에서 한자로 음역한 경우가 많은데, 우리는 그 뜻도 모르고 음역한 한자를 그대로 사용하였기 때문에 『반야심경』을 이해하는 데도 많은 어려움을 겪을 수밖에 없습니다. 그래서 필자는 어려운 한자의 불교 용어를 범본과 한역본을 비교하여 풀이함으로써 독자 여러분이 쉽게 이해할 수 있도록 하였습니다.

네 번째로 이 책은 『반야심경』의 범본과 한역본의 글자 하나하나의 의미뿐만 아니라 독자의 이해를 돕기 위해 범어 문법에 대해서도 간략하게 설명하였습니다. 특히 『반야심경』의 소본 범본, 한역본(현장 역), 에드워드 콘즈(E·Conze)의 영역본을 비교하여 다양한 각도에서 해설하였습니다.

다섯 번째로 이 책은 유식학적으로 해설하는 편이 독자의 이해에 도움이 되는 부분은 유식의 용어로서 설명했습니다. 대표적으로 『반야심경』의 핵심을 담고 있는 공사상의 경우 '오직〔唯〕 마음〔識〕만이 있을 뿐이고 바깥의 대상은 없다[無境]'는 '유식무경(唯識無境)'의 입장에서 해설하였습니다. 언뜻 보면 마음의 존재를 인정하는 유식과 존재하는 모든 것을 부정하는 공사상은 서로 모순되는 것 같지만, 사실상 마음[전5식, 제6 의식, 제7 말나식, 제8 아뢰야식]도 실체가 있는 것이 아니라 임시적으로 존재하는 것입니다. 이처럼 유식에서도 『반야심경』의 공과 마찬가지로 궁극적으로는 마음을 부정합니다. 즉 둘의 지향점은 같다는 것입니다. 다만 유식을 처음 접하는 독자는 조금 어려울 수도 있기 때문에 이해를 돕기 위해 유식 용어에 대해서도 간단하게 설명을 첨가해 두었습니다.

다음으로 이 책은 어떻게 구성되어 있는지 간단하게 설명하겠습니다. 이 책은 크게 6장으로 이루어져 있습니다.

제1장에서는 『반야심경』에 대한 간단한 소개와 함께 현장 스님의 한역과 범본의 문헌에 대해 기술하였습니다.

제2장에서는 '마하반야바라밀다심경'이라는 제목에 대해 해설했습니다. 특히 마하·반야·바라밀다·심·경의 다섯 부분으로 나누어 해설했습니다.

제3장에서는 『반야심경』의 첫 구절인 입의분[관자재보살 행심반야바라밀다시 조견5온개공 도일체고액]을 해설했습니다. 그중에 관자재·보살·5온·공을 중심으로 해설했습니다.

제4장에서는 『반야심경』의 본문이라고 할 수 있는 '파사분'을 해설했습니다. 구체적으로 말하면 『반야심경』의 핵심 가르침이라고 할 수 있는 '색불이공 공불이색 색즉시공 공즉시색' 및 공의 입장에서 5온·12처·18계·12연기·4성제를 부정하는 내용을 다루었습니다.

제5장에서는 공능분[보리살타 의반야바라밀다고 심무가애 무가애고 무유공포 원리전도몽상 구경열반]을 해설했습니다. 특히 가애·공포·전도몽상·구경열반을 중심으로 해설했습니다.

제6장에서는 총결분인 주문〔가떼 가떼 빠라가떼 빠라상가떼 보디 스와하〕을 중심으로 해설을 했습니다. 그리고 주문〔진언〕은 전통적으로 번역을 하지 않지만, 독자의 이해를 돕기 위해 해설을 첨가했습니다.

마지막으로 독자 여러분에게 한 가지 당부의 말씀을 드리고자 합니다. 아마도 범어를 처음 접한 분은 부담을 느낄 수도 있을 텐데, 책을 읽어보면 전혀 그럴 필요가 없다는 것을 알게 될 것입니다. 왜냐하면 이 책은 독자의 이해를 돕기 위해 범어의 기초적인 문법만을 간단하게 기술한 것으로 범어를 몰라도 내용을 이해하는 데는 아무런 문제가 없기 때문입니다. 그럼에도 부담스러운 분은 생략하고 읽어도 무방합니다.

끝으로 꼼꼼하게 읽고 수정해 준 구자상 교수에게 감사한 마음을 전합니다. 또한 출판을 제안해 주신 민족사 윤재승 사장님과 출판사 관계자분들께도 감사드립니다.

그러면 편안한 마음으로 심오한 공의 세계로 저와 함께 여행을 떠나봅시다. 나마스떼(namaste).

2024년 정월 금정산 자락에서
허암 김명우 합장

차례

제3장 입의분(入義分)을 해설하다

제4장 파사분(破邪分)을 해설하다

제5장 공능분(功能分)을 해설하다

제6장 총결분(總結分)을 해설하다

제1장

반야심경을 읽기 전에···

원래 제목이 없는 경전이다

부처님의 말씀을 기록한 불교의 모든 경전은 일정한 형식과 틀을 갖추고 있습니다. 그런데 지금부터 우리가 함께 읽어 갈『반야심경』은 경전의 형식과 기본 틀을 완전히 무시한 아주 파격적인 경전입니다. 게다가 공의 입장에서 부처님의 핵심 가르침인 5온·12처·18계·12연기·4성제를 부정하는 아주 파격적인 내용을 담고 있습니다. 그 내용은 본문에서 확인할 수 있을 것입니다.

『반야심경』이 파격적인 또 다른 이유를 설명하자면, 우선 범본『반야심경』은 본래 경전 이름 자체가 없었습니다. 이런 이유에서『반야심경』은 다른 경전에 비해 아주 불친절한 경전이라고 할 수 있습니다.

지금 우리가 법회 때마다 봉독하고 있는 한역『반야심경』은 당나라 시대 삼장법사 현장(玄奘, 602~664) 스님이 번역한 것으로,『마하반야바라밀다심경』이라는 경의 제목이 붙어있습니다. 그러면 '왜 경전의 제목이 없느냐?'고 반문할 독자도 있을 텐데, 원래『반야심경』은 제목이 없었습니다.

필자의 추측이지만,『반야심경』을 한역한 구마라집(鳩摩羅什, 344~413) 스님이나 현장 스님이 범본『반야심경』말미의 "이상으로 반야바라밀다심을 마쳤다(iti prajñāpāramitā-hṛdayaṃ samāptam)."라는 부분을 임의로 발췌해서 제목으로 사용한 것이 아닐까 합니다. 이것에 대해서는 해당 부분에서 다시 설명하겠습니다.

『반야심경』은 경전의 형식과 틀을 완전히 무시, 공의 입장에서 5온, 12연기, 4성제 등을 부정하는 파격적인 내용을 담고 있음.

『반야심경』은 본래 경전 이름 자체가 없는 아주 불친절한 경전임.
한역 『반야심경』의 제목은 범본 『반야심경』 말미에 있는
"이상으로 반야바라밀다심을 마쳤다" 라는 구절을 임의로 가지고 와서
제목으로 사용.

이상으로 반야바라
밀다심을 마쳤다.

이 부분을 따서
경전 제목으로 하는게
좋겠군.

형식을 파괴한 경전이다

경전은 '여시아문'을 시작으로 6성취가 맨 처음 등장합니다. 6성취란 부처님이 설법한 경전임을 증명하기 위해 반드시 갖춰야 할 '여섯 가지의 조건'을 말합니다. 즉 '이와 같이(如是)'의 신성취(信成就), '나에게 들렸습니다(我聞)'의 문성취(聞成就), '어느 때(一時)'의 시성취(時成就), '부처님'의 주성취(主成就), '어디 어디에 계셨다'는 처성취(處成就), '누구, 보살 등이 있었습니다'는 중성취(衆成就)입니다.

그런데 『반야심경』은 이러한 6성취를 무시하고 곧바로 '관자재보살 행심반야바라밀다시'라는 본문으로 들어갑니다. 서분 자체를 생략하고 있는 것입니다. 『반야심경』은 도대체 부처님이 어디에서 누구에게 가르침을 설했는지는 물론, 누가 부처님에게 가르침을 청했는지 청법자도 등장하지 않습니다. 단지 청법자가 사리자라고 추측할 뿐입니다.

또한 『반야심경』은 모든 경전의 마지막에 등장하는 환희봉행문(歡喜奉行文)도 없습니다. 즉 유통분[결론] 자체를 생략하고 있습니다. 아마도 『반야심경』은 처음부터 암송용으로 제작되어 생략이 가능한 부분을 과감히 생략함으로써 이와 같은 파격적인 경전이 탄생하지 않았을까 생각됩니다. 다만 우리가 널리 봉독하는 소본 『반야심경』에서는 서분과 유통분을 생략하였지만, 대본(大本) 『반야심경』은 6성취[서분], 본문[정종분], 환희봉행문[유통분]의 경전 체제를 갖추고 있습니다.

『반야심경』은 '6성취(경전임을 증명하는 6개의 조건)'가 없음.

『반야심경』에는 설법의 대상자나 청법자도 등장하지 않음.

경전 마지막에 등장하는 환희봉행문(歡喜奉行文)도 없음.

『반야심경』은 처음부터 암송용으로 제작되어, 파격적인 형식을 가진 경전이 탄생함.

반야심경은 처음부터 암송을 위해 만들어진 경전이다.

『반야심경』의 인기 비결

그러면 경전의 기본 틀을 무시한 파격적인 『반야심경』이 대승 불교도에게 인기 있는 이유는 무엇일까? 왜 하필 『반야심경』이 모든 사찰의 법회 때마다 봉독되고 암송된 것일까? 그것은 다음과 같은 이유 때문이 아닐까 합니다.

첫째, 『반야심경』은 아주 짧은 경전이라는 점입니다. 처음부터 암송용으로 제작되어 누구나 친숙하게 암송할 수 있을 뿐만 아니라, 암송하는 데도 3분도 채 걸리지 않는다는 것입니다. 게다가 『반야심경』은 내용이 짧아 사경할 때도 아주 편리합니다.

둘째, 『반야심경』은 우리가 일상에서 쉽게 욀 수 있는 진언[주문]이 있다는 점입니다. 『반야심경』은 '아제 아제 바라아제'라는 주문으로 결론을 내립니다. 진언[주문]은 부처님의 진실한 말입니다. 그 진언을 믿고 독송하는 것은 결국 부처님의 위력을 믿는 것입니다. 다시 말해 진언은 부처님에 대한 믿음을 통해 현실의 삶을 보다 나은 삶으로 나아가게 하는 원동력으로서, 이른바 우리를 행복의 지름길로 이끄는 안내자가 되는 것입니다.

셋째, 『반야심경』은 부처님의 핵심 가르침을 '색불이공 공불이색 색즉시공 공즉시색'이라는 간명한 말로 표현한다는 점입니다. 게다가 초기불교의 가르침인 5온·연기 등을 공의 입장에서 재구성하고, 특히 '공'과 신비적 언어인 '진언'을 결합함으로써 불교도의 불교에 대한 이해는 물론 호기심을 자극하고 있습니다. 이런 이유로 『반야심경』이 대승 불교도에게 가장 인기 있는 경전이 되지 않았을까 합니다.

첫째, 아주 짧은 경전이라 독송이나 사경하기에 편리함.

둘째, 진언[주문]으로 마무리하며, 독송하는 사람에게 부처님에 대한 믿음을 통해 현실의 삶을 보다 나은 삶으로 나아가게 함.

셋째, 5온·12연기·4성제를 공사상의 입장에서 재구성. 공사상과 진언이 결합되어 호기심을 자극.

범본 『반야심경』과 한역 『반야심경』

범본 『반야심경』

『반야심경』의 범본은 소본(小本)과 대본(大本)의 두 종류가 있습니다. 범본 소본은 『반야심경』의 핵심 중의 핵심을 이루는 본문인 정종분뿐이고, 대본은 서론에 해당하는 서분과 결론에 해당하는 유통분을 부가한 것입니다.

그런데 양본 모두 인도, 중앙아시아, 중국에서는 발견되지 않고 유일하게 일본에만 전해지고 있습니다. 범본 소본은 일본 법륭사(法隆寺)에 전해지는 것으로, 609년 오노 이모코(小野妹子)라는 사람이 중국에서 가져왔으며, 그것을 죠곤(淨嚴)이라는 승려가 1694년에 필사했다고 합니다.

반면 범본 대본은 장곡사(長谷寺)에 전해지고 있는데, 홍법 대사 쿠가이(空海)의 제자인 에운(慧運)이라는 승려가 847년 중국에서 가져왔다고 합니다. 현재 대본의 사본은 일본 밀교의 총본산 고야산 정지원(正智院)에 보관되어 있습니다.

한편 막스 뮐러(M·Müller) 박사는 1884년 소본〔법륭사본〕과 대본〔장곡사본〕의 텍스트 및 한역 대본과 소본, 그리고 『불정존승다라니(佛頂尊勝陀羅尼)』텍스트와 함께 『반야심경』소본과 대본의 교정본 및 영역(英譯)을 출간하였습니다.

또한 일본의 나카무라 하지메 박사와 기노 카즈요시 박사는 법륭사 사본과 현장 스님의 한역이라고 추정되는 『범본반야바라밀다심경』과 범본의 여러 사본을 참조하여 텍스트를 재구성하고, 이것을 일본어 번역으로 출간하였습니다. 그리고 에드워드 콘즈(E·Conze) 박사는 중국·네팔·일본의 사본들을 비교 연구한 교정본을 영역(英譯)하여 출간하였습니다.

한역 『반야심경』

흔히 『반야심경』 하면 평소 법회에서 봉독하는 현장 스님의 한역본만을 떠올리겠지만, 현장 스님의 한역본 이외에도 다수의 다른 한역본이 있습니다. 범본과 마찬가지로 한역본도 크게 두 계통이 있습니다. 한역의 소본은 후진(後秦)의 구마라집 스님의 한역과 당나라 현장 스님의 한역이 있는데, 특히 동북아시아에서 널리 애독되고 있는 것은 현장 스님의 한역입니다. 그리고 티베트 역과 몽골 역은 대본 계통의 번역입니다.

한편 한역 대본은 당나라 중기 이후의 법월 역, 반야 역, 지혜륜 역, 법성 역과 송나라 시대의 시호 역 등 5가지가 있습니다. 이상과 같은 『반야심경』의 두 계통 중에 소본이 원형이고, 대본은 나중에 부가된 것으로 추정되고 있습니다. 현재 한역본은 모두 8종류가 전해지고 있는데 그것은 다음과 같습니다.

1 구마라집 역, 『마하반야바라밀대명주경(摩訶般若波羅蜜大明呪經)』 1권(T8, 847a)

2 현장 역(649년), 『반야바라밀다심경(般若波羅蜜多心經)』 1권(T8, 848b)

3 반야(Prajñā, 734-810년)와 이언 등(利言等)의 역, 『반야바라밀다심경(般若波羅蜜多心經)』 1권(T8, 849b)

4 법월(法月, 738년) 중역, 『보변지장반야바라밀다심경(普遍智藏般若波羅蜜多心經)』 1권(T8, 849a)

5 당(唐) 지혜륜(智慧輪) 역, 『반야바라밀다심경(般若波羅蜜多心經)』 1권

(T8, 850a)

6 법성(法成) 역, 『반야바라밀다심경(般若波羅蜜多心經)』 1권(T8, 850)

7 송(宋) 시호(施護) 역, 『성불모반야바라밀다심경(聖佛母般若波羅蜜多心
經)』 1권(T8, 852b)

8 『당범번대자음반야바라밀다심경(唐梵飜對字音般若波羅蜜多心經)』 1권

(T8, 851b~852a)

이 중에서 1~2는 소본이며, 3~7은 대본입니다. 특히 중인도 마가다국
출신의 법월이 한역한 네 번째는 범본의 대본과 내용이 대체로 일치합니다.
그리고 여덟 번째인 『당범번대자음반야바라밀다심경』(唐梵飜對字音般若波羅蜜多
心經, 약칭: 범본반야바라밀다심경)은 소본 범본을 한자로 음사하고 각 단어에 뜻을 달
아 놓은 것으로서 엄밀하게 말하면 한역이라고 할 수 없습니다. 이것은 돈황
에서 발견되었는데, 현재는 영국의 대영박물관에 보관되어 있습니다. 그리
고 이 소본에서 특이한 점은 '관자재보살이 삼장법사 현장에게 친히 교수하
신 범본으로 윤색하지 않았다' 라는 부제가 붙어있다는 점입니다.

그런데 현장 스님이 한역한 『반야심경』 이외에 앞에서 말한 7종류의 『반
야심경』은 안타깝게도 동북아시아의 대승불교권에서 거의 읽히지 않고 있
습니다. 다만 티베트불교에서 대본 『반야심경』을 독경하고 있을 뿐입니다.

범본 『반야심경』
『반야심경』 범본은 소본(小本)과 대본(大本)의 두 종류가 있음.
소본 사본과 대본 사본은 유일하게 일본에만 전해지고 있음.
현재 막스 뮐러 박사의 교정본과 영역본 등이 출간되었음.

한역 『반야심경』
한역본도 소본과 대본이 있음
소본은 구마라집 스님과 현장 스님의 한역이 있음.
동북아시아에서 널리 애독되고 있는 것은 현장 스님의 한역임.
대본의 한역은 현재 5종류가 전해지고 있음.

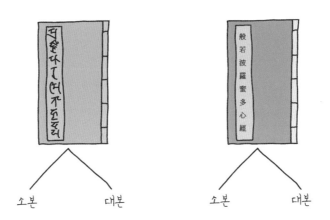

소본   대본   소본   대본

『반야심경』을 한역한 구마라집

소본 『반야심경』은 구마라집 스님과 현장 스님의 한역본이 널리 알려져 있습니다. 구마라집 스님은 중앙아시아 꾸차국(Kucha) 출신으로, 그의 명성은 인도와 중앙아시아뿐만 아니라 멀리 중국에까지 알려지게 됩니다. 자세한 것은 『왕초보 반야심경박사되다』를 참조 바랍니다.

중국 역경사에서 구마라집 스님 이전의 번역을 고역(古譯), 구마라집 스님의 번역을 구역(舊譯), 현장 스님의 번역을 신역(新譯)이라고 합니다. 구마라집 스님이 번역한 대승경전으로는 『대품반야경』·『소품반야경』·『묘법연화경』·『금강경』·『유마경』이 있고, 중관학파의 논서로는 『중론』·『백론』, 계율 계통으로는 『십송률』 등이 있습니다.

이처럼 구마라집 스님은 반야 계통의 경전과 용수보살을 종조로 하는 중관학파의 논서를 주로 번역하여 중국 삼론종 성립의 근거를 마련하였습니다. 특히 동북아시아에서 자주 독송되는 『금강경』·『묘법연화경』·『유마경』이 모두 구마라집 스님의 번역인 것을 보면, 그가 동북아시아 불교계에 끼친 영향은 지대하다고 할 것입니다.

구마라집

- 구마라집(350-409)이라는 이름은 범어 '꾸마라지와(Kumārajīva)'의 음사, 한역하면 '동수(童壽)'
- 동북아시아 불교 역경사에서 구마라집 스님 이전의 번역을 고역(古譯), 구마라집 스님의 번역을 구역(舊譯), 현장 스님의 번역을 신역(新譯)이라고 함.
- 동북아시아에서 가장 자주 독송되는 『금강경』, 『법화경』 등이 모두 구마라집 스님의 번역.
- 동북아시아 불교계에 끼친 영향은 지대함.

『반야심경』을 한역한 현장

현재 우리가 늘 독송하고 있는『반야심경』의 한역자(漢譯者)인 현장 스님에 대해 간단하게 살펴보고자 합니다. 현장스님은 600년 또는 602년에 출생하였으며, 664년 2월 5일에 입적하였다고 합니다. 그는 10세에 아버지가 죽자 형을 따라 낙양의 정토사로 출가하였으며, 13세 때에 정식으로 승적을 갖게 되었다고 합니다. 그리고 법명을 현장이라고 하였습니다.

『개원록(開元錄)』이라는 책에 따르면 소본『반야심경』은 현장 스님이 장안〔서안〕 종남산 취미궁에서 정관 23년(서기 649년 5월 24일)에 번역하였으며, 그의 제자 지인(知仁)이 필수(筆受. 범어의 음역을 의역하는 등의 번역문을 교정하는 역할)하였다고 합니다. 아마도 현장 스님이『반야심경』원전을 보면서 해석하면 곁에서 제자인 지인이 그 번역을 받아 적으면서 다시 수정했을 것으로 추측됩니다.

독자 여러분 중에는 현장 스님이라고 하면 잘 모르는 분도 있을 것입니다. 그러나 16세기 명나라 때 지어진『서유기』라는 유명한 소설에 등장하는 '삼장법사'라고 하면 금방 알아차릴 것입니다.『서유기』는 삼장법사가 손오공·저팔계·사오정과 함께 인도로 구법 활동을 떠나는 과정을 그린 것입니다.『서유기』의 주인공인 삼장법사는 7세기경 당나라 때 실존했던 현장 스님을 모델로 하는데, 현장 스님은 홀로 인도로 가서 수많은 경전을 가지고 중국으로 돌아왔습니다. 그리고 현장 스님에게는 늘 삼장법사라는 존칭이 따라다닙니다.

참고로 삼장법사(三藏法師)란 삼장(三藏 · tri-piṭaka), 즉 경장(經藏 · sūtra-piṭaka), 논장(法藏 · dharma-piṭaka), 율장(律藏 · vinaya-piṭaka)에 두루 통달한 뛰어난 법사(法師)라는

뜻입니다. 동아시아불교에서 삼장법사라는 극존칭을 붙일 수 있거나 인정받는 분은 현장 스님을 포함해 4명뿐입니다. 삼장법사 구마라집(鳩摩羅什, Kumāra-jīva, 350~409), 삼장법사 진제(眞諦, Paramārtha, 499~569), 삼장법사 현장(602~664), 삼장법사 불공(不空, Amoghavajra, 705~774)이 그들입니다. 그런데 요즈음 출가자 중에 '삼장법사'라는 말을 아무렇지도 않게 쓰는 자도 있는데, 이 말은 아무나 함부로 써서는 안 되는 호칭입니다.

여러분도 잘 알고 있듯이 현장 스님은 뛰어난 역경승이었습니다. 현장 스님은 18년간 인도에서의 유학 생활을 마치고 귀국할 때 범본 경전 657부를 가지고 왔습니다. 그는 귀국 즉시 당 태종 이세민에게 역경 사업의 지원을 요청하였는데, 이른바 현장 스님의 역경은 당나라 정부의 지원 아래 진행된 대대적인 국가사업이었다고 할 수 있습니다. 『반야심경』은 예외입니다만, 현장 스님이 번역한 경전이나 논서는 대부분 '봉 조역(奉 詔譯)'이라고 합니다. 여기서 봉(奉)이란 '받들다'라는 의미이고, 조(詔)란 '윗사람[황제]이 아랫사람[신하]에게 명령을 내린다'는 의미입니다. 다시 말해 황제인 이세민이 현장 스님에게 불경 번역을 명령했다는 것입니다.

사족이지만, '조(詔)'자 앞에 여백을 둔 것은 일부러 그렇게 한 것입니다. '조(詔)'는 '황제의 명령'이라는 뜻으로, 당시 최고의 존재는 황제였기 때문에 '조(詔)'자 앞에 다른 글자를 두는 것은 불경스럽다고 간주하여 여백을 둔 것입니다.

황제의 보호 아래 실시된 공적 사업으로서의 불전 번역인 만큼 개인에 의한 사적 번역과는 달리 방대한 조직체계를 갖추고 있었습니다. 『고려대장경』이나 『대정신수대장경』을 보면 알 수 있듯이 현장 스님의 번역은 대부분

'봉 조역'으로서, 현장 스님이 한역한 불전은 모두 74부 1335권에 이릅니다. 『대정신수대장경』이 총 32책인데, 그중에 현장 스님의 번역이 7책으로 전체 한역 경전의 5분의 1이 넘습니다. 산술적으로 계산하면 현장 스님은 5일에 1권을 번역할 정도로 오직 불전의 번역 사업에 인생을 바쳤다고 할 수 있습니다. 특히 중국불교에 있어 '4대 번역가', 즉 구마라집·진제·현장·불공 중에서 현장 스님의 번역 부수가 양적으로 가장 많습니다.

참고로 구마라집 스님은 384권, 진제 스님은 274권, 불공 스님은 101권을 번역하였습니다. 오늘날 우리가 팔만대장경을 볼 수 있는 것도 이처럼 뛰어난 역경승들의 노고와 구법 정신이 있었기 때문이라고 할 수 있습니다.

이처럼 현장스님은 불교에 대한 연구나 저술보다는 자신이 가지고 온 불전의 번역 사업에 자신의 인생 전부를 바쳤다고 해도 과언이 아닙니다. 현장 스님이 저술한 것은 오직 『대당서역기(大唐西域記)』 12권뿐입니다. 『대당서역기』는 현장 스님이 당나라로 귀국한 이듬해인 646년, 당 태종 이세민의 명에 따라 저술한 것으로 18년에 걸친 자신의 인도 여행 기록입니다. 『대당서역기』의 정밀하고 상세한 기록은 세계에서 가장 뛰어난 여행기 중의 하나로 높이 평가받고 있습니다. 그렇지만 이것은 현장스님의 불교 사상을 이해하는 데는 아무런 도움이 되지 않습니다.

이 이외에도 동아시아 구법승의 인도 여행 문헌으로는 법현스님의 『불국기』, 의정스님의 『남해기귀내법전』, 혜초스님의 『왕오천축국전』이 있습니다.

현장

- 현장 스님(600~664)은 장안[시안] 종남산 취미궁에서 649년 5월 24일에 『반야심경』을 한역함.
- 소설 『서유기』에 등장하는 '삼장법사'는 현장 스님을 모델로 함.
- 삼장법사(三藏法師)란 경장·논장·율장에 두루 통달한 뛰어난 법사(法師)라는 뜻임.
- 인도에서 범본 경전 657부를 가지고 왔음.
- 현장 스님의 불전 번역은 국가의 지원으로 이루어진 '봉 조역(奉 詔譯)'임.
- 현장 스님이 한역한 불전은 모두 74부 1335권임.

현장과 구마라집 한역의 차이

그러면 구마라집 스님의 한역과 현장 스님의 한역에는 어떤 차이가 있을까요? 먼저 구마라집 스님이 한역한 '반야바라밀'이 현장 스님의 한역에서는 '반야바라밀다', '관세음보살'이 '관자재보살', '5음(五陰)'이 '5온', '사리불'이 '사리자' 등으로 번역되어 있습니다. 이외에도 '비색이공 비공이색(非色異空 非空異色)'이 '색불이공 공불이색'으로 되어 있습니다. 또한 현장 스님 한역에 없는 "舍利弗 色空故無惱壞相. 受空故無受相. 想空故無知相. 行空故無作相. 識空故無覺相. 何以故(색이 공하므로 괴로움과 변괴의 작용[相]이 없으며, 수가 공하므로 받아들이는 작용이 없으며, 상이 공하므로 안다는 작용이 없으며, 행이 공하므로 의지 작용이 없으며, 식이 공하므로 판단 사유[覺]의 작용이 없다. 왜냐하면)"와 "是空法. 非過去非未來非現在(공을 특질로 하는 법은 과거에도 없고 미래에도 없고 현재에도 없다)"라는 구절이 구마라집 스님 한역에는 삽입되어 있습니다.

한편 구마라집 스님은 경전의 제목을 『마하반야바라밀대명주경』이라고 하였지만, 현장 스님은 『반야바라밀다심경』이라고 하였습니다. 또한 구마라집 스님의 한역에는 '이일체전도몽상고뇌(離一切顚倒夢想苦惱)'라고 하여 '일체'와 '고뇌'라는 두 단어가 첨가되어 있지만, 현장 스님의 한역과 범본 소본에는 없습니다.

구마라집 스님은 경전의 제목을 『마하반야바라밀대명주경』,
현장 스님은 『반야바라밀다심경』이라고 함.

구마라집 스님은 반야바라밀, 관세음보살, 5음(五陰), 사리불이라고 했지만,
현장 스님은 각각 반야바라밀다, 관자재보살, 5온(五蘊), 사리자로 한역함.

구마라집 스님은 '이일체전도몽상고뇌(離一切顚倒夢想苦惱)'라고 하여
'일체'와 '고뇌'가 첨가 되어 있지만, 현장 스님 한역에는 없음.

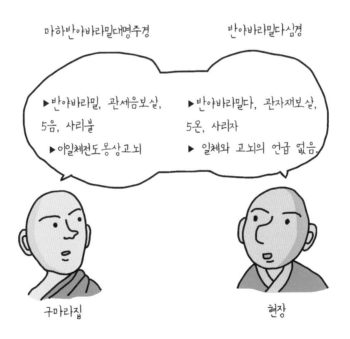

마하반야바라밀대명주경

반야바라밀다심경

▶반야바라밀, 관세음보살,
5음, 사리불
▶이일체전도몽상고뇌

▶반야바라밀다, 관자재보살,
5온, 사리자
▶ 일체와 고뇌의 언급 없음.

구마라집

현장

한역『반야심경』의 주석서

『반야심경』이 동북아시아에서 한역된 이후『반야심경』에 대한 수많은 주석서가 쏟아져 나오는데, 주로 현장 스님의 한역본에 대한 주석입니다. 어떤 자료에 의하면『반야심경』에 대한 주석서로 중국에서는 77부가 전해지고 있다고 합니다. 우리나라에서의『반야심경』에 대한 주석으로는 원측 스님의『반야바라밀다심경찬』 1권뿐입니다.

그런데 중국에서는 유식·선종·천태·화엄 등 각 종파적 입장에서『반야심경』을 주석하고 있습니다. 먼저 법상종 계통의 주석서로는 당나라 시대 혜정(慧淨) 스님의『반야바라밀다심경소』, 정매(靖邁) 스님의『반야바라밀다심경소』, 자은 대사 규기 스님의『반야바라밀다심경유찬』 등이 있습니다. 화엄종의 입장에서『반야심경』을 주석한 것으로는 현수 대사 법장 스님의『반야바라밀다심경약소』가 있습니다. 그리고 법장 스님의『반야바라밀다심경약소』를 다시 주석한 송나라 사회(師會) 스님의『반야심경약소연주기』도 있습니다.

한편 천태종의 입장에서 주석한 명광(明曠) 스님의『반야바라밀다경소』가 있으며, 선종의 입장에서 주석한 것으로는 당나라 시대 남양 국사 혜충(慧忠) 스님의『반야바라밀다심경주』가 있습니다. 그리고 구마라집 스님의 한역본을 주석한 것으로 명나라 시대 종방(?~1391) 스님의『반야바라밀다심경주해』가 유일하게 전해지고 있습니다.

『반야심경』의 주석서는 주로 현장 스님의 한역본에 대한 것임.
유식 계통으로는 규기 스님의 『반야바라밀다심경유찬』 등이 있음.
화엄종 계통으로는 현수 대사 법장 스님의 『반야바라밀다심경약소』가 있음.
선종 계통으로는 혜충 스님의 『반야바라밀나심경주』가 있음.

유식 – 반야바라밀다심경유찬
규기 스님

화엄종 – 반야바라밀다심경약소
현수 대사 스님

선종 – 반야바라밀다심경주
혜충 스님

한역『반야심경』

摩訶般若波羅蜜多心經

| 唐 三藏法師 玄奘 譯 |

觀自在菩薩. 行深般若波羅蜜多時. 照見五蘊皆空. 度一切苦厄.

舍利子. 色不異空. 空不異色. 色卽是空. 空卽是色. 受想行識亦復如是. 舍利

子. 是諸法空相. 不生不滅. 不垢不淨. 不增不減. 是故空中. 無色. 無受想行

識. 無眼耳鼻舌身意. 無色聲香味觸法. 無眼界. 乃至 無意識界. 無無明. 亦

無無明盡. 乃至無老死. 亦無老死盡. 無苦集滅道. 無智亦無得. 以無所得故.

菩提薩埵. 依般若波羅蜜多故. 心無罣礙. 無罣礙故. 無有恐怖. 遠離顚倒夢

想. 究竟涅槃. 三世諸佛. 依般若波羅蜜多故. 得阿耨多羅三藐三菩提.

故知般若波羅蜜多. 是大神呪. 是大明呪. 是無上呪. 是無等等呪. 能除一切

苦. 眞實不虛故. 說般若波羅蜜多呪. 卽說呪曰

揭帝 揭帝　般羅揭帝　般羅僧揭帝 菩提僧莎訶

般若波羅蜜多心經

한역『반야심경』의 우리말 번역

마하반야바라밀다심경

| 당 삼장법사 현장 역 |

관자재보살이 심오한 반야바라밀다를 실천할 때 5온이 모두 공이라는 것을 조견하여, 일체의 괴로움과 재앙을 건넜다.

사리자여! 색은 공과 다르지 않고, 공은 색과 다르지 않다. 색이 곧 공이요, 공이 곧 색이다. 수·상·행·식도 또한 이와 같다. 사리자여! 제법〔존재하는 모든 것〕은 공을 특질로 하기 때문에 생기하지도 소멸하지도, 더러움도 깨끗함도, 증가하지도 줄어들지도 않는다. 그러므로 공에는 색·수·상·행·식〔5온〕도 없고, 안·이·비·설·신·의〔6근〕도 없고, 색·성·향·미·촉·법〔6경〕도 없고, 안계도 없고 내지 의식계〔6식〕도 없다. 무명도 없고 또한 무명이 다함도 없다. 내지 늙음도 죽음도 없다. 또한 늙음과 죽음이 다함도 없다. 고·집·멸·도도 없다. 지(智)도 없고 또한 얻음도 없다. 얻어지는 것이 없기 때문이다.

보리살타는 반야바라밀다에 의지하기 때문에 마음에 가애도 없다. 가애가 없기 때문에 두려움도 없고, 전도몽상도 멀리하여 궁극의 열반에 들었다. 삼세의 모든 부처님도 반야바라밀다에 의지하기 때문에 최고의 깨달음〔무상정등각〕을 얻었다.

때문에 알아야 한다. 반야바라밀다는 대신주이고, 대명주이고, 무상주이고, 무등등주이다. 일체의 괴로움을 제거하여 진실하며 헛됨이 없기 때문이다. 반야바라밀다의 진언을 설한다. 즉 주문을 설한다.

아제 아제 바라아제 바라승아제 보디〔모지〕스바하

반야바라밀다심경

범본 『반야심경』 로마자

namas sarvajñāya

āryāvalokiteśvaro bodhisattvo gambhīrāyām prajñāpāramitāyām caryām caramāṇo vyavalokayati sma: pañca skandhās, tāṃś ca svabhāva-śūnyān paśyati sma.

iha Śāriputra rūpaṃ śūnyatā, śūnyataiva rūpaṃ. rūpān na pṛthak śūnyatā, śūnyatāyā na pṛthag rūpaṃ. yad rūpaṃ sā śūnyatā, yā śūnyatā tad rūpam. evam eva vedanā-saṃjñā-saṃskāra-vijñānāni.

iha Śāriputra sarva-dharmāḥ śūnyatā-lakṣaṇā anutpannā aniruddhā amalāvimalā nonā na paripūrṇāḥ.

tasmāc Chāriputra śūnyatāyāṃ na rūpaṃ na vedanā na saṃjñā na saṃskāra na vijñānaṃ.

na cakṣuḥ-śrotra-ghrāṇa-jihvā-kāya-manāṃsi, na rūpa-śabda- gandha-ra-sa-spraṣṭavya-dharmaḥ, na cakṣur-dhātur yāvan na mano- vijñāna-dhātuḥ.

na vidyā nāvidya na vidyā-kṣyo nāvidyā-kṣayo yāvan na jarā-maraṇaṃ na jarā-maraṇa-kṣayo na duḥkha-samudaya-nirodha-mārga, na jñānaṃ na prāptih. tasmād aprāptivād.

bodhisattvāvāṃ prajñāpāramitām āśritya viharaty acitta-āvaraṇaḥ cit-tāvaraṇa-nāstitvād atrasto viparyāstikrānto niṣṭha-nirvāṇaḥ tryadhvayavas-thitāḥ sarva-buddhāḥ prajñāpāramitām āśrityānuttarāṃ samyak-sambo-dhiṃ abhisambuddhāḥ.

tasmāj jñātavyaṃ prajñāpāramitā-mahāmantro mahāvidyāmantro 'nuttaramantro 'śamasama-mantraḥ sarva-duḥkha-praśamanaḥ satyam amithyatvāt prajñāpāramitāyām ukto mantraḥ, tad yathā:

gate gate pāragate pārasaṃgate bodhi svāhā.

iti prajñāpāramitā-hṛdayaṃ samāptam.

범본 『반야심경』의 우리말 번역

일체지자(一切知者)에게 귀의합니다.

성스러운 관자재보살이 심원한 지혜의 완성[반야바라밀다]을 실천할 때 〈존재하는 모든 것은〉 5개의 모임[5온]이라고 관찰하였다. 그리고 그것[5온]의 자성[실체]이 없다(空)고 간파하였다.

샤리뿌뜨라여! 이 세상에 있는 색[물질적 현상]에는 실체가 없고[空性], 실체가 없기 때문에 물질적 현상[色]이다. 실체가 없다고 하여도 그것은 물질적 현상을 떠나 있지 않다. 또한 물질적 현상은 실체를 떠나서 물질적 현상이 아니다. 그리고 물질적 현상은 모두 실체가 없다. 또한 실체가 없는 것은 물질적 현상이다. 이것과 같이 감수 작용[受]·표상 작용[想]·의지 작용[行]·판단 작용[識]도 모두 실체가 없다.

샤리뿌뜨라여! 이 세상에 존재하는 모든 것은 실체가 없는 특성을 가지고 있다. 〈그러므로 존재하는 모든 것은 실체가 없기 때문에〉 생기하지도 않고 소멸하지도 않고, 더러운 것도 아니고 청정한 것도 아니고, 줄어들지도 않고 증가하지도 않는다.

그러므로 샤리뿌뜨라여! 실체가 없는 입장(空)에서는 물질적 현상[色]도 없고, 감수 작용[受]도 없고, 표상 작용[想]도 없고, 의지 작용[行]도 없고, 판단 작용[識]도 없다. 눈도 없고, 귀도 없고, 코도 없고, 혀도 없고, 몸도 없고, 마음도 없고[6根], 형체도 없고, 소리도 없고, 향기도 없고, 맛도 없고, 접촉할 대상도 없고, 마음의 대상도 없다[6境]. 눈의 영역[眼界]으로부터 의식의 영역[意識界]에 이르기까지 모두 없다[6識].

깨달음이 없으면 무명도 없고, 깨달음이 없어지면 무명이 없어지는 것도 없다. 내지 늙음도 없고 죽음도 없고, 늙음과 죽음이 없어지는 것도 없다[12연기]. 괴로움도, 괴로움의 원인도, 괴로움을 벗어난 이상의 경지도 없고, 괴로움을 벗어나기 위한 방법도 없다[4성제]. 아는 것도 없고 얻는 것도 없다. 얻어지는 것이 없기 때문이다.

모든 보살의 반야바라밀다에 의지하여 그[인간]는 마음의 장애도 없이 안주하고 있다. 마음에 장애가 없기 때문에 두려움도 없고 전도된 마음을 멀리 떠나 영원한 평안[열반]에 들어간다. 〈과거, 현재, 미래의〉 삼세에 계시는 부처님은 모두 반야바라밀다[지혜의 완성]에 안주하여 최상의 깨달음[무상정등각]을 완전하게 이루셨다.

따라서 〈사람들은〉 알아야 한다. 반야바라밀다의 커다란 진언, 커다란 깨달음의 진언, 무상(無上)의 진언, 무비(無比)의 진언은 모든 괴로움을 제거하고 헛됨이 없기 때문에 진실하다. 반야바라밀다에서 그 진언이 다음과 같이 설해졌다.

가떼 가떼 빠라가떼 빠라상가떼 보디 스와하 (가는 자여! 가는 자여! 피안으로 가는 자여! 피안으로 완전하게 가는 자여! 깨달음이여 행복이 있어라)

　　이상으로 반야바라밀다심〈경〉을 설했다.

제2장

『반야심경』의 제목을 해설하다

다섯 부분으로 나누어 제목을 해설하다

이름이 그 사람을 나타내는 직접적인 징표이듯이, 경전의 제목은 그 경전에 담겨 있는 내용을 상징적으로 표현한 것이라고 할 수 있습니다. 그래서 동북아시아의 『반야심경』 주석가들은 제목부터 해설하였는데, 필자도 이런 전통에 따라 『반야심경』의 제목부터 해설하고자 합니다.

대승불교도는 『반야심경』이라고 부르지만, 사실 『반야심경』의 온전한 경전 이름은 『마하반야바라밀다심경』입니다. 범어로는 마하 쁘라즈냐 빠라미따 흐리다야 수뜨라(mahā-prajñā-pāramitā-hṛdaya-sūtra)라고 합니다.

다만 앞서 말했듯이 원래 범본에는 『반야심경』이라는 경전의 제목이 없습니다. 그것을 현장 스님이 한역하면서 경전 말미의 "이상으로 반야바라밀다심을 마쳤다"라는 부분을 발췌하여 제목으로 사용한 것으로 추측되는데, 심지어 '수뜨라(sūtra)', 즉 '경(經)'이라는 말도 없습니다. 물론 본래 '범본 경전에서는 제목을 마지막에 기술하는 관행이 있지 않느냐?'고 반문할 독자도 있을 수 있지만, 아무튼 경전의 제목이 앞부분에 등장하지는 않습니다. 그럼에도 경전하면 『반야심경』을 연상할 정도로 예로부터 『반야심경』은 천하제일의 경전이었습니다.

이제 '마하반야바라밀다심경'을 마하·반야·바라밀다·심·경의 다섯 부분으로 나누어 그 의미를 해설하겠습니다.

『반야심경』의 온전한 경전 이름은 『마하반야바라밀다심경』임.
범어로는 마하 쁘라즈냐 빠라미따 흐리다야 수뜨라(mahā-prajñā-pāramitā
-hṛdaya sūtra).

경전이라 하면 『반야심경』을 연상할 정도로 예로부터 『반야심경』은 천하제일의 경전임.
'마하반야바라밀다심경'을 마하(摩訶)·반야(般若)·바라밀다(波羅蜜多)·심(心)·
경(經)의 다섯 부분으로 나누어 해설함.

위대하고 위대하도다, 마하

마하(摩訶)란 범어 마하(mahā)를 소리 나는 대로 옮긴 말[音寫]입니다. 그래서 한자로 마가(摩訶)라고 쓰고, '마하'라고 읽습니다. 마하라는 말에는 커다란 [大]·위대한·뛰어난[勝] 등의 뜻이 있습니다.

'마하'라는 말의 용례를 몇 가지 소개할까 합니다. 먼저 부처님의 뛰어난 제자였던 가섭존자인데, 보통 가섭존자를 부를 때 그 이름 앞에 마하를 붙여 마하가섭 또는 대가섭(大迦葉)이라고 합니다. 이처럼 마하는 존경하는 대상을 수식하는 말로 사용됩니다.

또한 대표적인 용례로 '대승(大乘)'이라는 말도 있습니다. 대승의 범어는 '마하야나(mahā-yāna)'인데, '큰 수레[大乘]'라는 뜻입니다. 반면 소승(小乘), 즉 히나야나(hina-yāna)는 작은 수레라는 뜻입니다. 비유하면 소승은 혼자만 탈 수 있는 카누, 대승은 수천 명이 탈 수 있는 대형여객선이라고 할 수 있는데, 이른바 소승은 자기 혼자 깨달음을 얻고자 하는 반면, 대승은 모든 중생을 구제하고자 하는 커다란 서원을 담고 있습니다. 구체적으로 말하면 대승이란 괴로움이 가득한 사바세계, 즉 차안에서 부처님의 세계이자 깨달음의 세계인 피안으로 모든 중생을 태우고 가는 크고 위대한 배를 상징합니다. 참고로, '마하'라는 말은 범본이나 현장 스님의 한역에는 없고, 구마라집 스님의 한역에만 등장합니다.

마하(摩訶)란 범어 마하(mahā)의 음사로, 커다란[大]·위대한·뛰어난[勝] 등의 뜻
— 마하는 존경하는 분이나 대상에 수식하는 말로 사용.
용례) 마하가섭(Mahākāśyapa)

'대승(大乘)'은 '마하야나(Mahā-yāna)'인데, '큰 수레[大乘]'라는 뜻
— 대승이란 사바세계인 차안에서 깨달음의 세계인 피안으로 수많은 중생을 태우고
가는 크고 위대한 배[수레]를 상징

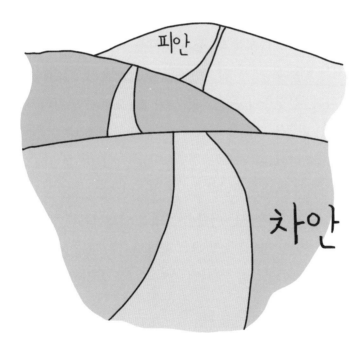

공을 체득한 완전한 지혜, 반야 1

반야의 의미

반야는 일반적으로 '지혜(wisdom)'라고 번역합니다. 범어로는 쁘라즈냐(prajñā), 빨리어는 빤냐(paññā)라고 하는데, 반야는 빨리어 빤냐(paññā)를 소리 나는 대로 옮긴 것[音寫]입니다. 그리고 범어 '쁘라즈냐'는 '매우·뛰어난'이라는 의미를 가진 접두어 '쁘라(pra)'와 동사어근 '√jñā(즈냐)'의 합성어로 '알다·앎'이라는 뜻입니다. 그래서 필자는 쁘라즈냐를 '가장 뛰어난 지혜'라고 번역하였습니다. 반야는 분별을 동반한 지혜가 아니라 번뇌를 완전히 벗어난 깨달은 자의 지혜, 즉 부처님의 지혜라고 할 수 있습니다. 『반야심경』의 표현을 빌리자면 바로 '색즉시공 공즉시색'의 '공을 체득한 지혜'입니다.

중국불교에서는 반야를 크게 실상반야와 관조반야 및 방편반야와 문자반야로 구분합니다. 실상반야는 진리의 객관대상으로서 반야의 지혜에 의해 관조된 대상의 진실한 모습을 말합니다. 즉 반야에 의해 비추어진 일체의 대상입니다. 관조반야는 진리의 주체[본체]로서 사물의 실상을 관조(觀照)하여 철저하게 이해하는 반야입니다. 반면 방편반야는 실상반야와 관조반야에 대해 판단 사유를 통해 모든 사물의 차별을 이해하는 상대적인 지혜입니다. 문자반야는 실상반야와 관조반야를 설명한 것으로, 이른바 언어에 의한 문자로써 나타난 반야입니다. 구체적으로는 반야경이 이에 해당합니다.

반야의 의미

반야는 '지혜(wisdom)'라고 번역함.

반야는 빨리어 빤냐(paññā)를 소리 나는 대로 옮긴 것.

반야란 번뇌를 완전히 벗어난 깨달은 자의 지혜[부처님의 지혜].

『반야심경』에서는 '색즉시공 공즉시색'의 '공을 체득한 지혜'

반야는 실상반야와 관조반야 및 방편반야와 문자반야로 크게 구분한다.

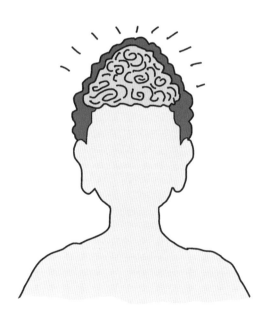

공을 체득한 완전한 지혜, 반야 2

문혜·사혜·수혜

불교에서는 지혜를 문혜(聞慧)·사혜(思慧)·수혜(修慧)의 3종류로 구분하기도 합니다. 문혜는 신뢰할 수 있는 스승의 올바른 가르침을 들어 얻어지는 지혜이며, 사혜는 신뢰할 수 있는 스승으로부터 들은 것을 올바르게 생각하여 얻는 지혜이며, 수혜는 문혜와 사혜를 바탕으로 올바른 정(삼매), 즉 실천을 통해 얻어지는 지혜입니다. 특히 수혜는 모든 번뇌나 의혹을 제거하는 기능을 합니다. 다만 『반야심경』에서 말하는 반야(지혜)는 상대적인 지혜가 아닌 절대적인 지혜, 즉 '존재하는 모든 것은 공(공한 존재)'이라는 것을 체득한 지혜입니다.

지혜란 간별결택이다

유식에서 지혜(prajñā)는 과거에 경험한 것을 잊지 않고 기억하는 염(念)에 의해 마음을 집중하여(定) '간별결택(簡別決擇)'하는 마음 작용이라고 합니다. 여기서 간별결택은 이것과 저것을 확실하게 판단하고 나누어 확정적으로 선택한다는 뜻입니다. 그리고 간별결택할 때는 도리에 부합해야 합니다. 여기서 도리에 부합하는 간별결택의 근거는 다음과 같습니다.

　① 신뢰할 수 있는 성전(부처님의 가르침)으로부터의 앎(성언량(聖言量))
　② 바른 추론에 의한 앎(비량(比量))
　③ 바른 직접 지각에 의한 앎(현량(現量))
　즉 지혜는 3개의 인식수단(량(量))에 의해 생기는 것입니다.

지혜는 문혜(聞慧)·사혜(思慧)·수혜(修慧)의 3종류.

문혜란 신뢰할 수 있는 스승의 올바른 가르침을 들어 얻어지는 지혜

사혜란 신뢰할 수 있는 스승으로부터 들은 것을 올바르게 생각하여 얻는 지혜

수혜란 문혜와 사혜를 바탕으로 올바른 정[삼매], 즉 실천을 통해 얻어지는 지혜

지혜란 간별결택

유식에서는 지혜[prajñā]는 과거에 경험한 것을 잊지 않고 기억하는 염(念)에 의해 마음을 집중하[定] '간별결택(簡別決擇)'하는 마음 작용

간별결택이란 이것과 저것을 확실하게 판단하여 나누어, 확정적으로 선택한다는 뜻

도리에 부합하는 간별결택의 근거가 되는 것은

① 신뢰할 수 있는 성전[부처님의 가르침]으로부터의 앎─성언량

② 바른 추론에 의한 앎─비량

③ 바른 직접 지각에 의한 앎─현량

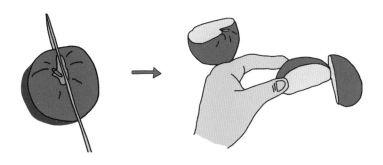

차안에서 피안으로 건너다, 바라밀다

도피안

'바라밀다'란 범어 빠라미따(pāramitā)를 음사한 것입니다. 이 말은 '도피안(度彼岸)'과 '완성'이라는 두 가지 의미로 번역합니다. 먼저 '도피안'은 구마라집 스님의 한역이고, '완성'은 현장 스님의 한역입니다. 그러면 왜 두 분은 다르게 번역하였을까요?

먼저 빠라미따를 도피안으로 한역한 이유를 설명하자면, '빠라미따(pāramitā)'에서 '빠람(pāram)'은 빠라(pāra, 피안)의 목적격으로서 '피안에'라는 뜻입니다. 그래서 콘즈(Conze) 박사는 'beyond'라고 영역한 것입니다. 그리고 '이따(ita)'는 '√i'(가다, 건너다) + 과거수동분사(past passive participle) '따(ta)'로 이루어진 말로서, '이따(ita)'의 여성형 '이따−(itā)'가 되면 '도달하다 · 건너다'는 의미가 됩니다. 그래서 콘즈 박사도 '빠라미따'를 'she who has gone'이라고 영역한 것입니다.

그러면 누가 누구를 차안에서 피안으로 건너게 하며, 또한 그 방편은 무엇일까? 이 도피안을 가장 잘 묘사한 것이 통도사 극락전의 탱화인 반야용선입니다. 반야용선이란 '용의 모양을 한 지혜의 배'라는 뜻입니다. 여기서 반야용선은 지혜[반야]를 상징하는데, 차안에서 피안으로 건너가게 해주는 아주 중요한 수단입니다. 이 반야용선의 선장은 부처님, 선원은 관세음보살, 승객은 우리로, 불보살의 인도 아래 수많은 중생이 함께 반야용선을 타고 피안으로 가고 있습니다.

도피안

'바라밀다'는 범어 빠라미따(pāramitā)를 소리 나는 대로 옮긴 말
'도피안(度彼岸)'은 구마라집 스님의 한역
도피안은 '미혹의 차안인 사바세계에서 피안인 깨달음의 세계로 건너다'라는 의미

도피안을 가장 잘 묘사한 것은 통도사 극락전 반야용선
반야용선이란 '용의 모양을 한 지혜의 배'를 뜻함.
반야용선은 지혜[반야]를 상징하는 것으로 차안의 세계에서 피안의 세계로 건너가게
해주는 아주 중요한 수단

완성

계속해서 현장 스님이 바라밀다〔빠라미따〕를 '완전·완성'이라고 한역한 이유를 설명하겠습니다. 먼저 현장 스님은 '빠라미따(pāramitā)'를 '피안에 이르다'는 의미의 '빠라미(pārami)'와 상태를 나타내는 추상명사 '따(tā)'가 합성된 것으로서 '완전하게 도달한 상태'라는 의미로 파악하여, '완전·완성'이라고 한역하였습니다. 그리고 이를 바탕으로 콘즈 박사도 '반야바라밀다'를 '지혜의 완성(The perfection of wisdom)'이라고 영역한 것입니다. 한역에서는 지도(智度)라고 합니다.

독자 여러분의 생각은 어떤가요? 반야바라밀다를 '깨달음의 세계인 피안에 이르게 하는 지혜〔도피안〕'라고 번역한 구마라집 스님과 '지혜의 완성'이라고 번역한 현장 스님, 어떤 것이 더 마음에 와닿습니까?

필자는 개인적으로 구마라집 스님의 번역을 좋아합니다. 현장 스님의 번역은 범어에 너무 충실한 나머지 다소 딱딱한 감이 있는 듯합니다. 반면 구마라집 스님의 번역은 그 의미를 떠나 우리에게 쉽게 와닿는 점이 있는 것같습니다. 특히 '도피안'이라는 말은 대승불교가 지향하는 목표와 방향을 가장 잘 묘사한 것이라고 할 수 있습니다.

오늘날 우리는 법회 때마다 현장 스님의 한역본을 독송하고 있습니다. 그럼에도 『반야심경』을 해설한 책에서 대부분 구마라집 스님의 한역인 '도피안'이라는 말을 차용하고 있는 것을 보면, 아무래도 구마라집 스님의 번역이더 지지를 받는 것 같기도 합니다. 독자 여러분의 생각은 어떤가요?

완성

− 현장 스님은 바라밀다[빠라미따]를 '완전하게 도달한 상태'라는 의미로 파악하여 '완전·완성'이라고 한역
− 에드워드 콘즈 박사는 '반야바라밀다'를 '지혜의 완성(The perfection of wisdom)'이라고 영역함.

'도피안'이라는 말은 대승불교가 지향하는 목표와 방향을 가장 잘 묘사한 것임. 필자는 구마라집 스님의 번역을 개인적으로 더 선호.

반야바라밀다는 지혜의 완성이다.

도피안

반야경의 엑기스를 담다, 심

보통 심(心)이라고 하면 '마음 심(心)'이라는 한자 상의 이미지 때문에 '마음(mind)'이라고 생각하기 쉽지만, 여기서 심은 마음이 아닙니다. 원래 심이라는 글자의 범어는 '흐리다야(hṛdaya)'로 심장(心臟)을 뜻합니다. 그래서 콘즈 박사는 이런 의미를 살려 심[hṛdaya]을 마인드(mind)가 아닌 하트(heart)라고 영역하였습니다. 오늘날에는 인간의 중심[핵심]이 뇌라고 생각하지만, 과학이 발달하지 않은 과거에는 인간의 중심을 '심장'이라고 생각하였습니다. 그리고 그 영향으로 인해 지금도 누군가가 자신의 말을 믿어주지 않을 때 "내 진심이야"라고 하면서 손으로 자기 가슴[심장]을 치는 것입니다. 이처럼 흐리다야[심장]는 '핵심·진수'를 의미합니다.

　그러면 심[흐리다야]이란 무엇의 핵심[엑기스]일까? 『반야심경』은 600권이나 되는 방대한 반야경의 엑기스를 담고 있는 경전이라는 뜻입니다. 부처님의 가르침은 『성경』처럼 한 권으로 전해진 것이 아니라 수많은 경전으로 전해지고 있습니다. 간혹 불교를 알고 싶지만, 너무나 많은 부처님의 가르침 때문에 혼란스럽다고 생각하는 불자도 있는데, 그럴 때는 『반야심경』을 한 글자 한 글자 꼼꼼히 읽고 음미하는 것도 하나의 방법이 될 것입니다. 왜냐하면 『반야심경』은 반야경의 엑기스를 담고 있는 경전이기 때문입니다. 다만 『반야심경』은 부처님의 가르침을 너무 압축적으로 설명한 것이기 때문에 그 핵심을 이해하기가 쉽지는 않습니다. 그래서 선지식의 도움이 필요합니다.

심(心·hṛdaya)은 '마음(mind)'이 아니라 심장(心臟)을 뜻하며, '핵심·진수'라는 의미

콘즈 박사는 이런 의미를 살려 심[hṛdaya]을 마인드(mind)가 아닌 하트(heart)라고
영역(英譯)함.

심[흐리다야]이란 무엇의 핵심[엑기스]이고, 무엇의 진수일까?
『반야심경』은 600권이나 되는 방대한 반야경의 엑기스를 담고 있는 경전이라는 뜻

영원히 변하지 않는 진리를 담은 책, 경

경이란?

경(經)이란 부처님의 가르침을 기록한 것으로서 범어 '수뜨라(sūtra)'의 한역입니다. 수뜨라란 '날실'을 말하는데, 세로 실, 즉 '세로로 놓은 실'이라는 뜻입니다. 이런 경험이 있는 독자도 있지 않을까 하는데, 옛날 옷감을 짤 때 베틀에 중심이 되는 세로 실을 먼저 내려놓은 다음, 가로 실로 옷감을 짜나갑니다. 이처럼 세로 실[날실]은 옷감을 짤 때 중심이 되는 것으로서, 수뜨라란 바로 이 날실[세로 실]을 뜻하는 것입니다.

그러면 무엇 때문에 '수뜨라'를 '경'이라고 한역한 것일까? 한자에서 '경'이란 '성인이 말한 영원히 변하지 않는 진리를 담은 책'이라는 의미입니다. 그래서 중국에서는 위대한 성인의 가르침을 담은 책을 『서경(書經)』·『시경(詩經)』·『역경(易經)』 등과 같이 '경'이라고 하였습니다. 참고로 유교의 창시자인 공자의 가르침을 담은 『논어』도 '경'이라고 하지 않습니다.

그런데 후한 말 불교가 중국에 전래되면서 중국인들은 오랜 고민 끝에 비록 이민족 출신이지만 인도의 위대한 성인인 부처님의 가르침을 모은 '수뜨라(sūtra)'를 '경(經)'이라고 하였습니다. 그리고 그로 인해 지금 우리가 부처님의 가르침을 담은 책을 '경'이라고 부르게 된 것입니다.

경전은 어떻게 편찬되고 전승되었을까?

그러면 경전은 어떻게 편찬되었을까요? 아마도 독자 중에는 부처님의 가르침이 지금 우리가 애독하고 있는 『반야심경』처럼 처음부터 문자로 편찬되었을 것이라고 생각하는 분도 있지 않을까 합니다. 하지만 지금 우리가 봉독하고 있는 경전들은 부처님의 입멸 후 몇백 년이 지난 다음에 문자화된 것입니다. 그러면 문자화가 되기 이전에는 부처님의 말씀을 어떻게 전했을까요? 구전, 즉 입에서 입으로 암송해서 후세에게 전했습니다. 전통적으로 인도에서는 성스러운 것은 문자화하지 않고 암송해서 전했습니다. 특히 성스러운 성전의 가르침을 문자화하면 그 신비감이 사라지거나 그 성스러움이 천박하게 된다는 인식이 있었습니다. 그래서 암송이라는 전승 방식을 통해 후세에 전했던 것입니다. 이런 전승 방식을 한자로 '사자상전(師資相傳)' 또는 '사자상승(師資相承)'이라고 합니다. 사자상전에서 사(師)는 스승, 자(資)는 제자, 상전(相傳)은 서로 이어받아 전한다는 뜻입니다. 즉 스승이 제자에게 전해주고 그 제자는 다시 제자에게 전해준다는 뜻입니다. 그리고 사자상승이란 스승과 제자가 서로 이어간다(相承)는 뜻입니다. 이처럼 부처님의 입멸 후 제자들은 각자 자신이 들은 부처님의 가르침, 즉 경장과 율장을 분담하여 음률(音律)로 암송하면서 전승하였습니다.

그러면 부처님의 가르침을 모은 경전은 어떻게 탄생하였을까요? 처음 경전의 결집을 주도한 것은 부처님의 가르침을 직접 들은 비구들이었습니다. 여기서 비구란 '걸식하는 남자'라는 뜻의 빨리어 '빅쿠(bhikkhu)'를 음사한 것입니다. 반면 비구니는 '걸식하는 여자'라는 뜻의 '빅쿠니(bhikkhunī)'의 음사입니다. 이른바 출가자인 비구와 비구니는 오로지 유행하면서 걸식하는 자라는 것입니다. 부처님이 45년간 오로지 유행하면서 걸식하였듯이, 이들도 유행하고 걸식하면서 평생토록 부처님의 가르침을 실천했습니다. 그리고 이처럼 평생토록 부처님의 법대로 실천[수행]할 때 우리[재가자]의 존경도 받게 되는 것입니다. 그러면 가사만 걸치고 부처님의 법대로 실천[수행]하지 않는 자가 있다면 어떻게 해야 할까요? 그래도 우리는 그들에게 존경을 표해야 할까요?

한편 중국에서는 비구를 걸사(乞士), 포마(怖魔)라고도 합니다. 걸사란 모든 생업을 끊고, 오로지 탁발로 몸을 유지하며 법을 이어간다는 의미입니다. 포마란 마왕과 마구니[māra]를 두렵게 한다는 뜻입니다.

이와 같이 부처님의 가르침을 철저하게 실천하고 있던 500명의 비구가 부처님이 입멸한 지 4개월 후 두타제일 마하가섭의 주도 아래 왕사성 근처 영취산의 칠엽굴에 모였습니다. 이 모임을 인도불교사에서는 '제1차 결집'이라고 합니다.

경장은 부처님을 25년간 시봉하며 부처님의 가르침을 가장 많이 들은 다문제일의 아난(阿難, SKT: Ānanda)이 암송하고, 율장은 부처님이 수계식을 거행할 때마다 비구들의 머리를 깎아 주면서 계율의 가르침을 가장 많이 들은 지율제일의 우파리(優波離, SKT:Upāli)가 암송하였는데, 암송 이후 결집에 참석한 장로비구들의 확인 작업을 거쳐 비로소 경장과 율장으로 확정되었습니다. 또한 이런 연유로 경장과 율장의 첫머리에 등장하는 여시아문(如是我聞), 즉 '이와 같이 나에게 들려졌습니다'라는 구절의 나(我)는 다문제일의 아난과 지율제일의 우파리가 되는 것입니다.

경(經)이란 부처님의 가르침을 기록한 것으로 범어 '수뜨라(sūtra)'의 한역
수뜨라란 옷감을 짤 때 중심이 되는 '날실[세로 실]'이라는 뜻
한자에서 경이란 '성인이 말한 영원히 변하지 않는 진리를 담은 책'이라는 의미

경전은 어떻게 전승, 편찬되었을까

사자상전(師資相傳)
부처님의 가르침은 입에서 입으로 암송해서 후세에게 구전으로 전함.
이런 방식을 '사자상전'이라고 함.
사자상전에서 사(師)는 스승, 자(資)는 제자, 상전(相傳)은 서로 이어받아 전한다는 뜻

편찬

경전은 부처님의 가르침을 직접 자신의 귀로 들은 비구들이 주도함.
두타제일 마하가섭의 주도 아래 500명의 비구들이 왕사성 근처 영취산 칠엽굴에 모여
경전을 결집함.(제차 결집)
경장은 다문제일 아난이 암송하고, 율장은 지율제일의 제자 우빨리가 암송하여 결집함.

경장은 아난이 암송

율장은 우빨리가 암송

결집

여기서 독자 여러분이 한 가지 주목해야 할 것이 있습니다. 바로 '결집(結集)'이라고 하는 말입니다. 결집은 범어로 '상기띠(saṃgīti)'라고 하는데, 한자로 맺을 결(結) 자와 모을 집(集) 자를 써서 번역하였습니다. 상기띠는 접두어 '함께'라는 뜻의 상(sam)과 '암송하다·노래하다'라는 뜻의 '기띠(gīti)'가 합성된 것인데, '함께 암송하다' 또는 '함께 노래하다'는 의미입니다. 그런데 이것에 의하면 결집이란 현재와 같은 문서에 의한 편집회의가 아니라, 부처님의 가르침을 직접 들은 제자들이 함께 암송하며 수정작업을 했다는 뜻이 됩니다.

독자 중에는 암송에 의한 전승이 문자보다 부정확하다고 생각할 사람도 있을 텐데, 사실 문자보다 암송에 의한 전승이 훨씬 더 정확합니다. 지금은 고인이 되셨지만, 명창 박동진 선생이 뉴욕의 카네기홀에서 6시간 동안 서서 춘향전을 공연한 적이 있습니다. 그때 박동진 선생은 춘향전의 한 구절도 틀리지 않고 완창하였습니다. 이것이 가능했던 것은 '창(唱)'이 일정한 운율에 따라 부르는 노래이기 때문입니다. 마찬가지로 부처님의 제자들도 일정한 운율에 따라 그 가르침을 암송하였기 때문에 그것의 정확한 전승도 가능했던 것입니다.

인도에서는 운율을 엄격하게 규정하고 있는데, 이것은 암송의 편의를 위한 것입니다. 그리하여 인도는 암송문화가 발전하였으며, 지금도 힌두교의 스승들은 힌두교의 성전들을 모두 암송하고 있습니다. 이와 같이 인도의 불교도는 부처님의 가르침이 문자화되기 이전까지 몇백 년 동안 암송의 전통을 지키고 있었습니다.

결집

'결집(結集)'이란 맺을 결(結)자와 모을 집(集)자로, '연결하여 모으다'라는 뜻
결집의 범어 상기띠(saṃgīti)란 '함께'라는 뜻의 상(sam)과 '암송하다·노래하다'
라는 '기띠(gīti)'로 이루어진 말로, '함께 암송하다' 또는 '함께 노래하다'라는 뜻

즉 결집이란 부처님의 가르침을 직접 귀로 들은 제자들이 모여 함께 암송하며
수정작업을 했다는 뜻

여시아문

다음으로 살펴볼 것은 '여시아문(如是我聞)'입니다. 앞에서 설명했지만, 여시아문은 6성취 중에서 문성취(聞成就)를 말합니다. 여시아문은 범어 '에왐 마야 슈루땀(evam mayā śrutam)'의 한역입니다. 에왐(evam)은 여시(如是), 마야(mayā)는 아(我), 슈루따(śruta)는 문(聞)의 한역입니다. 그래서 우리는 보통 '여시아문'을 '이와 같이 나는 들었습니다'는 능동 문장으로 번역합니다. 그런데 여기서 우리가 '들었습니다'라고 번역한 한자의 '들을 문(聞)'자는 수동의 의미입니다. 게다가 범어 '슈루따'는 동사어근 슈루(√śru)의 과거수동분사입니다. 따라서 '슈루따'를 '들려졌습니다'라는 수동의 문장으로 번역하는 편이 더 정확합니다. 그러나 한글은 가능한 능동문으로 해석하는 편이 자연스럽습니다.

다만 피동문의 외국어를 능동문의 우리말로 번역할 때는 각별한 주의가 필요한데, 특히 피동문으로 된 한문이나 범어 문장을 능동형으로 번역하면 중대한 오류를 범하기 때문입니다. 예컨대 '여시아문'의 경우 평소의 습관대로 '나는 이와 같이 들었습니다'라는 능동형으로 번역하면 문장의 주체는 부처님이 아닌 아난이 되어 버립니다. 어디까지나 우리〔아난〕에게 가르침을 설한 분은 부처님입니다. 따라서 여시아문의 주체도 아난이 아닌 부처님입니다. 그래서 필자는 우리말 문장으로는 조금 어색하지만, 여시아문을 〈부처님이 설한 가르침이〉 나에게 이와 같이 들려졌습니다'라고 번역하는 것이 타당하다고 생각합니다.

'여시아문(如是我聞)'의 범어는 '에밤 마야 스루탐(evam mayā śrutam)'
에밤(evam)은 여시(如是), 마야(mayā)는 아(我), 스루탐(śrutam)은 문(聞)의 한역
'여시아문'을 '이와 같이 나는 들었습니다[들었노라]'라고 능동형보다는
'〈부처님께서 설하신 가르침이〉 나에게 이와 같이 들려졌습니다'라고 번역하는 것이
타당함.

팔만대장경이란?

독자 중에는 해인사 장경각에 보존된 '팔만대장경(八萬大藏經)'에 '경(經)'이라는 말이 있기 때문에, 팔만대장경 또는 대장경은 부처님의 가르침만을 수록하고 있을 것으로 생각하는 사람도 있겠지만, 사실은 그렇지 않습니다.

불교의 문헌, 즉 대장경(大藏經)은 크게 4가지로 나눕니다. 부처님의 가르침을 기록한 경장(經藏)과 승가의 규범을 기록한 율장(律藏), 후대의 용수나 세친과 같은 위대한 보살이 부처님의 가르침을 해설한 주석서인 논장(論藏)입니다. 이것을 3가지의 창고〔뜨리-삐따까tri-pitaka〕라는 의미인 '삼장(三藏)'이라고 합니다.

그리고 중국에서는 이러한 경장·율장·논장에 뛰어난 분을 삼장법사로서 존칭하였는데, 대표적인 인물은 삼장법사 구마라집, 삼장법사 진제, 삼장법사 현장, 삼장법사 불공이 그들입니다. 앞에서 언급했지만, 삼장법사란 극존칭이기 때문에 출가자든 재가자든 함부로 사용해서는 안 되는 호칭입니다.

계속해서 삼장에 대해 간단하게 설명하자면, 다음과 같습니다.

먼저 경장은 부처님이 제자에게 직접 설한 가르침을 후대에 정리한 것으로서 크게 2가지의 기술 형식이 있습니다.

첫 번째는 부처님이 직접 설한 가르침입니다. 이것은 말 그대로 부처님의 말씀을 기록하는 형식을 띠고 있습니다.

두 번째는 부처님이 보살이나 제자들에게 영감을 주어 가르침을 대신 펼친 경우입니다. 이른바 '가지(加持)'된 가르침입니다.

소본『반야심경』에는 '가지'의 장면이 없지만, 대본『반야심경』에는 '가지'

가 등장합니다. 부처님은 설법을 듣기 위해 모인 제자나 보살 중에서 대자비의 상징인 관자재보살을 선택하여 부처님 대신 가르침을 설하도록 하는데, 여기서 관자재보살의 가르침은 곧 부처님의 가르침입니다.

사족이지만, 가지에 대해 보충 설명하고자 합니다. '가지'란 '서다·지배하다'라는 의미의 동사 아디스타(adhiṣṭha)에서 파생한 중성명사인 '아디스타나(adhiṣṭhāna)'의 한자 번역으로, '입장'이나 '지배력' 등을 뜻합니다. 불교에서는 중생을 지켜 주는 '부처님이 가진 특수한 힘'으로 해석하여 '가호(加護)'나 '호념(護念)' 등으로 한역하기도 합니다. 다만 여기서 말한 가지란 부처님이 삼매[마음을 대상에 집중한 깊은 명상]에 들어 그 공덕이 법회에 참석한 제자나 보살에게 미치는 것을 말합니다. 여기서 가지를 하는 분은 부처님이고 가지를 받는 자는 법회에 참석한 제자나 보살 또는 우리라고 할 수 있습니다.

율장은 부처님이 직접 설한 교단의 규범을 모은 것입니다. 자율적인 규범인 계(戒)와 달리 율은 강제적인 규범입니다. 어기면 처벌을 받습니다. 그리고 율은 수범수제(隨犯隨制), 즉 제자들이 잘못을 범할 때 마다 제정되었습니다. 이처럼 율을 모은 경전을 율장이라고 하는 것입니다.

그리고 논장[논서]은 경전에 기록된 부처님의 가르침을 알기 쉽게 해설한 것으로서 보살들이 저술한 것입니다. 예컨대 용수보살의 『중론』, 미륵보살의 『유사사지론』·『중변분별론』·『대승장엄경론』, 마명보살의 『대승기신론』, 무착보살의 『섭대승론』, 세친보살의 『유식삼십송』·『유식이십론』 등이 여기에 해당합니다. 나중에 설명하겠습니다만, 여기서 보살은 인도에서 활동하였으며, 뛰어난 저작을 남기신 학승들을 말합니다.

한편 동북아시아에는 논서[논장]에 대해 뛰어난 학승[선지식]이 해설한 '소

(疏)'가 있습니다. 예컨대 마명보살의 『대승기신론』에 대한 원효 대사의 『대승기신론소』 등이 여기에 해당합니다.

이외에도 선종의 선사들이 찬술한 '어록(語錄)'도 중요한 불교문헌에 속합니다. 예를 들어 대혜종고 선사의 저서를 '대혜종고 선사 어록' 또는 성철 스님의 저서를 '성철 선사 어록'이라고 합니다.

지금까지 말한 경·율·논·소의 4가지와 어록은 불교를 대표하는 중요한 문헌들입니다. 이것을 수록하고 있는 것을 보통 '대장경' 또는 '팔만대장경'이라고 합니다. 이처럼 팔만대장경에는 '경·율'만이 아니라 논·소·어록이 수록되어 있습니다. 이 중에서 경과 논은 인도에서 찬술된 것이며, 소와 어록은 동북아시아에서 저술된 것입니다.

그런데 예외적인 경우가 있습니다. 부처님의 가르침이나 보살의 저술은 아니지만, 예외적으로 6조 혜능선사의 『육조단경』이나 원효대사의 『금강삼매경론』은 '경' 또는 '논'이라는 명칭을 붙이고 있습니다. 이것은 후세의 사람들이 두 분의 저술을 높이 평가한 결과로서 지극히 예외적인 경우라고 할 수 있습니다.

불교의 문헌[대장경]은 크게 5가지로 나눔.
경장(經藏), 율장(律藏), 논장(論藏), 소(疏), 어록(語錄)

— 경장은 부처님이 제자에게 직접 설한 가르침을 후대에 정리한 것.
— 율장은 부처님께서 직접 설하신 교단의 규범을 모은 것.
— 논장[논서]은 경전에 기록된 부처님이 가르침을 풀어서 알기 쉽게 해설한 것으로 보살들이 저술한 것.
— 소(疏)는 동북아시아에서 논서에 대해 뛰어난 학승[선지식]이 해설한 것.
— 어록(語錄)은 선종의 선사들이 찬술한 것.

이 모든 것들을 보통 '대장경' 또는 '팔만대장경'이라고 함.

『반야심경』을 4장으로 나누어 해설하다

지금까지 『반야바라밀다심경』의 제목을 다섯 부분으로 나누어 설명했는데, 이를 토대로 '마하반야바라밀다심경'을 해설하면 '위대하고〔마하〕완전한 지혜〔般若〕를 바탕으로 〈중생을 고통의 세계〔此岸〕에서〉 깨달음의 세계〔彼岸〕로 건너게〔度〕 하는 반야경의 핵심〔心〕을 담은 경전〔經〕'이라고 할 수 있습니다.

필자는 전통방식에 따라 『반야심경』을 4단계로 나누어 해설하고자 합니다. 먼저 입의분(入義分)은 '관자재보살'에서 '도일체고액'까지입니다. 입의분은 『반야심경』의 전체 내용을 밝히는 서론 부분으로, 관자재보살이 5온이 모두 공하다는 것을 조견하여 모든 고통과 재앙에서 벗어났다는 내용을 골자로 하고 있습니다.

다음으로 '사리자여! 색불이공 공불이색'에서 '이무소득고'까지를 파사분(破邪分)이라고 합니다. 파사란 잘못된 것을 깨부순다는 의미인데, 공의 입장에서 5온·12처·18계·12연기·4성제를 부정하는 내용을 골자로 하며 본문에 해당합니다.

다음으로 '보리살타'에서 '아뇩다라삼먁삼보리'까지를 공능분(功能分)이라고 합니다. 공능분은 공을 체득하면 어떤 공덕이 생기는지를 설명한 부분인데, 반야바라밀다를 체득하면 무상정등각을 얻는다고 합니다.

마지막으로 '고지반야바라밀다'에서 '아제 아제 바라아제 바라승아제'까지를 총결분(總結分)이라고 합니다. 총결분은 결론 부분에 해당합니다.

'마하반야바라밀다심경'은 '위대하고[摩訶] 완전한 지혜[般若]를 바탕으로
〈중생을 고통의 세계인 차안에서〉 깨달음의 세계[彼岸]로 건너게[度] 하는
반야경의 엑기스[心]를 담은 경전[經]'

전통방식에 따라 4장[四分], 즉 입의분·파사분·공능분·총결분으로 나누어 해설.
입의분(入義分)은 '관자재보살'에서 '도일체고액'까지
파사분(破邪分)은 '사리자여! 색불이공 공불이색'에서 '이무소득고'까지
공능분(功能分)은 '보리살타'에서 '아뇩다라삼먁삼보리'까지
총결분(總結分)은 '고지반야바라밀다'에서 '아제 아제 바라아제 바라승아제'까지임.

제3장

입의분 入義分 을 해설하다

관자재보살. 행심반야바라밀다시. 조견오온개공. 도일체고액.
觀自在菩薩. 行深般若波羅蜜多時. 照見五蘊皆空. 度一切苦厄.

관자재보살이 깊은 반야바라밀다를 행할 때, 5온이 공한 것을 조견하여 일체의 괴로움과 재앙에서 벗어났다.

나는 누구이며, 또 어떻게 살아야 하는가?

『반야심경』의 첫 경문인 입의분[뜻으로 들어가는 장]은 한자로 25자에 불과하지만, 『반야심경』의 전체 내용을 잘 표현한 구절입니다. 입의분의 내용을 구체적으로 살펴보기 전에, 입의분의 대의를 잠시 살펴보겠습니다. 『반야심경』의 서론이라고 할 수 있는 입의분은 다음과 같은 두 가지 물음에 대한 답변이라고 필자는 생각합니다.

나는 누구인가?

나는 어떻게 살아야 하는가?

첫 번째 물음인 '나는 누구인가?'에 대해, 『반야심경』에서는 '나는 관자재보살'이라고 답합니다. 즉 나는 지혜를 닦아 자비를 실천하는 보살이라는 것입니다.

두 번째 물음인 '나는 어떻게 살아야 하는가?'에 대해서는, 완전한 지혜[반야]를 수행한 결과[실천], 존재하는 모든 것[5온]이 공하다는 것을 체득하여[비추어 보아], 이 지혜를 바탕으로 나와 타인의 고통과 재앙을 제거하여, 미혹에서 깨달음으로 가는 자비를 실천하며 '보살로서 살아야 한다는 것'입니다. 다시 말해 자신이 보살이라고 자각하고 순간순간, 하루하루 그리고 죽을 때까지 보살로서 길을 걸어야 한다는 것입니다. 그리고 이처럼 보살로서 살아가기 위해서는 나와 내 주변에 펼쳐진 존재 전체가 '공한 존재'라고 관찰해야 한다는 것이 『반야심경』〈입의분〉에서 설하고자 하는 가르침입니다.

입의분은 두 가지 물음에 대한 답변으로
나는 어떤 존재인가?
나는 어떻게 살아야 하는가?

- 첫 번째는 '나는 관자재보살'이라고 답함.
나는 지혜를 닦아 자비를 실천하는 보살이라고 함.
- 두 번째는 지혜[5온이 공하다는 지혜]를 바탕으로 나와 타인의 고통과 재앙을
제거하며, 미혹에서 깨달음으로 가는 자비를 실천하며 '보살로서 살아야 한다는 것'

나는 관재자보살이다.
지혜를 바탕으로 나와 타인의
고통과 재앙을 제거하여 미혹에서
깨달음으로 가는 자비를
실천하며 살아간다.

자유자재하게 세상의 이치를 관찰하다, 관자재

먼저 '관자재(觀自在)'는 현장 스님의 한역입니다. 관자재의 범어는 아왈로끼따 이스와라(avalokita-īsvara)인데, 현장 스님은 아왈로끼따(avalokita)를 '관하다', 이스와라(īsvara)를 '자재'라는 의미로 해석합니다. 즉 관찰하는 것이 자재한 보살이 관자재보살이라는 것입니다.

참고로 '아왈로끼따 이스와라'는 접두어 '보다'라는 의미의 '아와(ava)'와 세간을 의미하는 '로까(loka)'에 어미 '이따(ita)'와 어떤 것에도 속박되지 않는다는 자재의 의미인 '이스와라(īsvara)'가 합성된 복합어입니다.

『반야심경』의 입장에서 말하면, 자재란 5온이 공한 존재라는 것을 조건하여 깊고 깊은 반야를 체득하기 위해 끊임없이 수행하여, 갈애에서 비롯된 번뇌로부터 완전하게 벗어난 자(보살)를 뜻합니다. 그러므로 관자재보살이란 '자유자재하게 세상의 이치를 관찰하는 보살'이라는 뜻이 됩니다. 이처럼 현장 스님이 '아왈로끼따 이스와라'를 자유자재하게 세상의 이치를 관찰한다는 관자재로 한역한 것은, 관자재보살이 '지혜의 보살'이라는 것을 강조하기 위한 것이라고 보입니다.

부연하면, 자재를 '자재천(自在天)'이라고 번역하기도 합니다. 힌두교에서는 세계를 창조하여 지배하는 최고신을 '이스와라(īsvara)'라고 하는데, 일반적으로는 파괴의 신인 '시바신(Śiva)'을 가리킵니다.

'관자재(觀自在)'란 아왈로끼따 이스와라(avalokita-iśvara)의 한역.

관자재보살이란 '사유자재하게 세상[세계]의 이치를 관찰하는 보살'이라는 뜻.
현장 스님이 관자재로 한역한 것은 '지혜의 보살'을 강조하기 위한 것.

중생의 고통스러운 소리를 듣고 구제하다, 관세음

현장 스님의 관자재와 달리 구마라집 스님은 관세음(觀世音) · 관음(觀音) · 세음 (世音)으로 한역합니다. 관세음 내지 관음의 범어는 아왈로끼따 스와라(avaloki-ta-svara)인데, 아왈로끼따(avalokita)는 '관하다', 스와라(svara)는 소리[音]라는 의미 입니다. 즉 관세음이란 '세상 사람들의 괴로운 소리를 관찰하는 보살'이라는 것입니다. 이처럼 구마라집 스님의 관세음이라는 한역은 '세간에 있는 중생 의 괴로움과 재앙을 다 듣고 관찰하여, 그들의 고통을 구제한다'는 '자비의 보살'을 강조하기 위한 것으로 생각됩니다.

독자 여러분은 두 스님의 한역 중에서 어떤 것이 마음에 듭니까? 필자는 개인적으로 원어에 충실한 현장 스님의 관자재보살보다는 우리가 자주 부르 는 관세음보살이라는 호칭이 더 친숙하고 정겹게 느껴집니다. 예컨대 우리 가 기도할 때 대자대비하신 관세음보살님이나 천수천안관세음보살님이라 고 명호를 부르는 것은 관세음보살이 모든 중생의 두려움이나 공포를 없애 주는 자비의 보살임을 믿고 있기 때문입니다.

관세음(觀世音)은 '관하다'의 아왈로끼따(avalokita)와 '소리[音]'의
스와라(svara)라는 말의 한역
관세음이란 '세상 사람들의 괴로운 소리를 관찰하는 보살' 즉, '세간에 살고 있는
중생의 괴로움과 재앙을 다 듣고 관찰하여, 그들의 고통을 구제한다'는 뜻
구마라집 스님이 관세음으로 한역한 것은 '자비의 보살'을 강조하기 위한 것.

필자는 관자재보살보다 관세음보살이라는 호칭이 더욱 친숙하게 느껴짐.

달라이 라마는 관세음보살의 화신이다

티베트에서는 관세음보살의 육자대명왕진언인 '옴 마니 빠드메 훔(옴 마니 반메훔)'을 끊임없이 독송하는데, 이 진언을 간절히 독송하면 관세음보살이 재앙·병 등의 현실적인 고통이나 재앙으로부터 나를 지켜 준다고 믿기 때문입니다.

그러면 관세음보살은 어디에서 중생의 고통스러운 소리를 듣고 있는 것일까? 관세음보살이 거주하는 곳을 범어로 뽀딸라(Potala)라고 합니다. 티베트의 라사(Lha sa)에는 역대 달라이 라마가 거주했던 뽀딸라 궁전이 있습니다. 달라이 라마가 거주하는 곳을 뽀딸라라고 한 것은 달라이 라마가 관세음보살의 화신(化身, avatārana)이라고 믿기 때문입니다.

독자 여러분 중에는 10년 전에 1편이 개봉되고, 2022년에 2편이 개봉된 '아바타(avatar)'라는 영화를 본 분도 있을 텐데, 여기서 화신은 범어 '아와따'의 번역입니다. 아와따란 신이 세상 속으로 건너온다는 뜻입니다. 이 화신 개념은 신과 인간 사이의 간격을 메우는 가장 효과적인 방법인데, 이 화신 개념 때문에 부처님도 '시방삼세'에 존재할 수 있으며, 힌두교의 3억3천의 신도 존재할 수 있는 것입니다.

- 관세음보살은 뽀딸라(Potala)에 계시면서 중생의 고통스러운 소리를 듣고 구제해주는 보살
- 티베트 불교도는 관세음보살의 육자대명왕진언인 '옴 마니 빠드메 훔[옴 마니 반메훔]'을 끊임없이 독송
- 이 진언을 간절히 독송하면 관세음보살이 재앙이나 병 등의 현실적인 고통이나 재앙으로부터 나를 지켜 준다고 믿기 때문이다.
- 달라이 라마가 거주하는 곳을 뽀탈라 궁전이라고 한 것은 달라이 라마가 관세음보살의 화신(化身, avatārana)이기 때문이다.

지혜를 닦고 자비를 실천하며 중생을 구제하는 자, 보살

보리·살타

보살(菩薩)은 범어 보디 사뜨와(bodhi-sattva)를 소리 나는 대로 옮긴 '보리살타'의 줄임말입니다. 이 중에서 보리(菩提)는 범어 보디(bodhi)를 소리 나는 대로 옮긴 것인데, 동사원형 √budh(깨닫다)에서 파생한 것으로 '깨달음'이라고 번역합니다.

살타(薩埵)는 범어 사뜨와(sattva)를 음사한 것입니다. 사뜨와(sattva)는 동사어근 √as(존재하다, ~이다)로부터 파생한 현재분사 '사뜨(sat)'를 명사화(tva)한 것으로, 사뜨와(살타)를 현장 스님은 유정(有情), 구마라집 스님은 중생(衆生)이라고 한역하였습니다.

현장 스님 이전에는 중생이라고 번역하였는데, 현장 스님은 이에 의문을 품고 유정(有情, 감정을 가진 자)이라고 번역했습니다. 왜냐하면 중생이라고 하면 생명이 있는 식물까지도 포함하기 때문입니다. 불교에서 동물은 윤회하는 존재이기 때문에 중생에 포함하지만, 식물은 윤회하는 존재가 아니기 때문에 중생의 범주에 포함하지 않습니다. 그래서 현장 스님은 사뜨와를 '유정'이라고 한역한 것 같습니다.

법상종을 창시한 자은 대사 규기 스님은 사뜨와를 감정(情)과 지성(識)을 가진(有) 자라는 의미로 '유정식(有情識)'이라고 주석하면서 인간으로 한정하였는데, 이처럼 사뜨와를 인간으로 한정하면 보리살타(보살)는 '보리를 구하는 자' 또는 '깨달음을 구하는 자'라는 의미가 됩니다.

그러나 보살이란 깨달음만을 추구하는 존재는 아닙니다. 보살은 '상구보리 하화중생'의 두 서원, 즉 자신의 보리〔깨달음〕를 구하는 자리행과 중생을 제도하려는 이타행을 동시에 실천하는 사람입니다. 여기서 제도(濟度)란 괴로움으로부터 즐거운 상태로, 미혹으로부터 깨달음의 세계로 건너게(渡=度) 해주는 자비행을 의미합니다. 이러한 두 서원을 가지고 사는 사람, 즉 자리와 이타로 살아가는 사람을 보살이라고 합니다.

예를 들어보겠습니다. 우리에게 있어 늙음이란 대단히 괴로운 일입니다. 그러나 반야바라밀다를 실천해 가면 반야가 몸에 배어 늙음에 대한 괴로움이나 불안이 없어지게 됩니다. 이것이 자리〔상구보리〕입니다. 그러나 보살은 이러한 자신의 안락함에 안주하지 않고 그 반야의 지혜에 기초하여 하화중생〔利他〕의 자비를 실천합니다. 이처럼 보살이란 지혜와 자비의 실현을 목표로 노력하는 사람이라고 할 수 있습니다.

일반적으로 보살이라고 하면 유식의 완성자인 세친보살이나 중관사상을 창시한 용수보살 등과 같이 뛰어난 업적을 남긴 분들을 일컫습니다. 그러나 대승불교에 있어 보살은 구도자〔불법을 구하는 자〕 일반을 가리키는 말로서, 모든 인간이 부처가 될 수 있다는 확신 아래 깨달음을 얻기 위해 노력하는 사람은 모두 '보살〔보디사뜨와〕'입니다. 다시 말해 비록 보디사뜨와라는 말은 남성명사이지만, 부처님을 믿고 그 가르침대로 살며, 깨달음을 위해 끊임없이 노력하는 구도자는 누구나 보살이라는 것입니다. 그래서 필자는 오늘날 한국불교에서 여성 재가신자를 '보살'이라고 부르는 것도 결코 잘못된 것은 아니라고 생각합니다.

보살은 부처님의 분신이다

보살은 관음보살·지장보살·문수보살 등과 같은 부처님의 분신[화신]을 가리키는 말이기도 합니다. 이러한 보살은 현실에서 고통받고 있는 중생을 구제해주는 보살입니다.

예불문에 '대원본존지장보살마하살'이라고 하여 보살을 '보살마하살(菩薩摩訶薩)'이라고 하는 경우가 있습니다. 여기서 마하살은 마하사뜨와(mahā-sattva)의 음사인데, 마하(摩訶)는 '위대한', 살(薩)은 '사람[중생]'을 의미하는 살타의 줄임말로, 마하살은 이른바 위대한 사람이라는 뜻입니다. 그러면 보살을 왜 위대한 사람이라고 할까요? 앞에서도 말했듯이 보살은 부처님의 분신으로서 자리뿐만 아니라 이타도 실천하기 때문에 위대한 사람이라는 것입니다. 다시 말해 보살은 현실에서 고통받는 중생의 구제를 일생일대의 목적으로 삼고 있기 때문에 위대하다는 것입니다.

부처님의 분신으로서의 보살은 공통의 서원인 '총원'과 별도의 서원인 '별원'이 있습니다. 총원을 대표하는 것이 바로 사홍서원입니다. 그리고 별원은 법장비구의 48원(願)이나 지장보살의 '지옥에 중생이 한 명이라도 있으면 성불하지 않겠다'는 서원 등을 말합니다.

한편 성도 이전의 부처님을 보살이라고도 합니다. 대승불교에 있어 석가모니 부처님은 현생에서의 6년간의 수행으로 성도한 것이 아니라 전생에서 수많은 공덕을 쌓은 결과라고 봅니다. 부처님의 전생[보살]을 기록한『자따까(본생담)』에는 이러한 부처님의 전생을 기록하고 있는데, 전생에 보살로서 인간·동물·날짐승·물고기 등으로 태어나 수많은 공덕을 쌓아 현생에 부처가 되었다고 합니다.

보리·살타

보살(菩薩)이란 보디 사뜨와(bodhi-sattva)의 음사로 '보리살타'의 줄인 말. 보디는 깨달음, 사뜨와는 유정(有情), 중생(衆生)으로 한역

첫째, 보살이란 '상구보리 하화중생'의 2대 서원을 세우고 살아가는 인간으로, 보리[지혜]를 구하는 자리행과 중생을 제도하려는 이타행을 동시에 행하는 사람 즉 자리와 이타로 살아가는 사람을 보살이라고 함.
둘째, 보살이란 유식의 완성자인 세친보살이나 중관사상을 창시한 용수보살과 같이 인도의 학승으로 뛰어난 저작을 남긴 분의 존칭

셋째, 보살은 관음보살·지장보살·문수보살 등과 같은 부처님의 분신[화신]을 가리키는 말로 현실에서 고통받고 있는 중생을 구제해주는 분
넷째, 보살은 성도 이전의 부처님
석가모니 부처님은 현생에서 6년간의 수행으로 부처님이 된 것이 아니라, 전생에서 수많은 공덕을 쌓아 현재의 부처님이 되었다는 것

나는 지혜를 구하고 중생을 제도하는 것으로 살아갑니다.

깊고 깊은 반야바라밀다를 실천하다

반야바라밀다를 실천하다

행(C: 行, SKT : caryāṃ caramāṇa, E: performing or practicing)은 갈 행(行)자로서 '실천하다'는 의미입니다. 그런데 '행'의 범어 '짜라마나(caramāṇa)'는 '자신〔관자재보살〕을 위해 실천할 때'라는 의미로 해석하는 것이 범어 문법에 충실한 번역이라고 할 수 있습니다. 그러나 앞에서 언급했듯이 현장 스님은 이것을 '행(行)과 시(時)'라고 한역하였습니다. 즉 범문과 한역에서는 과거나 미래가 아니라 현재 이곳〔차안〕에서 실천할 때 피안의 세계로 갈 수 있다는 것입니다. 다시 말해 관자재보살이 몸소 실천하여 모든 것은 공이라는 것을 깨달았다는 겁니다.

지행합일

행이란 앞에서도 말했듯이 '가다·실천하다'는 의미입니다. 인간은 일반적으로 이론을 좋아하는 사람과 실천을 좋아하는 사람으로 구분할 수 있지만, 사실 이 둘은 나눌 수 있는 것이 아닙니다. 실천 없는 지식은 공허하고, 지식 없는 실천은 독단에 빠지기 쉽습니다. 동서고금을 막론하고 모든 사상가나 종교 지도자들은 지와 행이 합일해야 그 빛을 발할 수 있다고 합니다. 특히 불교를 포함한 동양의 사상이나 종교에서 '행'은 매우 중요한 의미를 담고 있습니다. 본래 종교의 생명은 '말보다는 걷는 것'입니다. 여기서 '걷는다는 것'은 '행(行)'입니다. 그리고 '행한다'는 것은 실천하는 것입니다. 다시 말해 안다는 것은 행하는 것의 시작이고, 안다는 것은 행하기 위한 것으로서, 행한 후에 비로소 진정한 지혜가 일어난다는 것입니다. 사서삼경 중의 하나

인 『중용(中庸)』에

"널리 그것을 배우고, 자세히 그것을 묻고, 신중하게 그것을 생각하고,
분명하게 그것을 판단하고, 성실히 그것을 행한다."(博學之 審問之 愼思之 明辨之
篤行之.『중용』20장 19절)

라는 구절이 있는데, 이것은 유교의 목적과 이상을 잘 나타낸 것이라고 생
각됩니다. 그래서 중국 명나라 시대 유학자인 왕양명(王陽明)도 세상의 이치
를 아는 것(지)과 실천(행)은 동시라는 '지행합일(知行合一)'을 주장한 것입니다.

지목행족으로 청량지에 이르다

용수보살은 "지목행족(智目行足)으로 청량지(淸凉池)에 이른다."라고 하였습니
다. 청량지란 깨끗하고 서늘한 연못으로 번뇌를 벗어난 깨달음의 세계를 상
징합니다. 결국 깨달음의 세계는 '지목행족', 즉 지혜의 눈(지목)과 실천하는
다리(행족)를 겸비해야만 도달할 수 있다는 것입니다. 다시 말해 지(눈으로 안다)
와 실천(발로 걷는다)이 겸비되어야만 깨달음을 얻을 수 있다는 것입니다.

다만 진리·피안·청량지(깨달음의 세계)는 하나이지만, 그 길은 여러 가지입
니다. 다시 말해 진리(피안)는 하나이지만 그 길로 가는 방법은 여러 가지입
니다.

이것은 등산에 비유할 수 있습니다. 지리산 정상은 천왕봉입니다. 즉 천왕
봉(진리)은 하나뿐입니다. 천왕봉은 하나이지만, 천왕봉으로 오르는 코스는

여러 길이 있습니다. 중산리에서 올라갈 수도 있으며, 뱀사골 또는 대원사에서 갈 수도 있습니다. 또는 화엄사를 거쳐 노고단에서 갈 수도 있습니다. 자신의 체력[근기]에 맞는 코스를 정해 천왕봉에 올라가면 됩니다.

이처럼 피안[천왕봉]으로 가는 길은 참선수행·삼천배·염불일 수도 있습니다. 그 길로 가는 유일한 방법이나 최고의 길은 없습니다. 다시 말해 삼천배가 유일하거나 최고가 아닙니다. 무엇보다 중요한 것은 부처님의 가르침을 믿고, 이해하고[知], 자신의 근기에 맞게 꾸준하게 실천하는 것[行]입니다. 즉 지행이 합일해야 합니다.

반야바라밀다는 심오하다

심(C:深, SKT:gaṃbhīrāyāṃ, E: deep)의 한자 상의 의미는 '깊다'입니다. 다만 한역의 '심(深)'은 얕을 천(淺)의 반대 의미로 '심원(深遠)'이나 '심묘(深妙)'라는 의미를 갖습니다. 이 말은 관자재보살이 체득한 깊고 깊은 반야의 지혜를 표현한 말입니다. 『반야심경』의 표현을 빌리자면 '존재하는 모든 것은 공[5온개공]'이라고 관찰한 반야의 지혜를 말합니다.

반야바라밀다를 실천하다

행이란 갈 행(行)자로 '실천하다'라는 의미
관자재보살이 현재 이곳에서 몸소 실천하여[行] 모든 것은 공이라는 것을 깨달았다는 뜻

지행합일
이론과 실천은 둘은 나눌 수 있는 것이 아님.
실천 없는 지식[이론]은 분명하지 않아 불안정하며,
지식 없이 사리에 벗어난 실천은 독단에 빠지기 쉽기 때문에 위험하다.
동서고금을 통해 모든 사상가들은 지행합일을 주장

지목행족으로 청량지에 이르다
용수보살도 '지목행족(智目行足)으로 청량지(淸涼池)에 이른다'고 함.
깨달음의 세계에 도달하기 위해서는 '지목행족(智目行足)', 즉 지혜의 눈[지목]과
실천하는 다리[행족]를 겸비해야만 청량지[깨달음]에 도달할 수 있다고 함.

진리·피안·청량지[깨달음의 세계]는 하나이지만, 그 길로 가는 방법은 여러 가지다.
그 방법은 참선·수행·삼천배·염불·독송·간경일 수도 있음.

반야바라밀다는 심오하다
심은 깊을 심(深)자로 '심원(深遠)', '심묘(深妙)'라는 뜻임.
심이란 관자재보살이 체득한 깊고 깊은 반야의 지혜를 표현한 말.
『반야심경』에서는
'존재하는 모든 것은 공[5온개공]'이라고 관찰한 것을 심오한 반야의 지혜라고 함.

완전한 지혜로 깨달음의 경지인 피안으로 건너게 하다

그러면 관자재보살은 무엇을 실천해서 존재하는 모든 것이 공하다고 체득한 것일까요? 바로 심오한 '반야바라밀다(C:般若波羅蜜多, SKT: prajñā-pāramitā, E: perfection of wisdom)'를 실천하여 공을 체득했다는 것입니다. 『반야반경』에서는 5가지 바라밀을 생략하고 반야바라밀만을 말하고 있지만, 반야바라밀을 실천하기 위해 이전의 5가지 바라밀을 실천하고, 마지막으로 반야바라밀을 체득하여 공을 깨달았다는 뜻입니다.

진정한 보살이 되기 위한 구체적인 실천 방법이 바로 6바라밀입니다. 6바라밀은 보시·지계·인욕·정진·선정·반야를 말합니다. 그러면 이제 보살이 실천해야 할 덕목인 6바라밀에 대해 간단하게 살펴보도록 하겠습니다.

관자재보살은 무엇을 실천해서, 존재하는 모든 것은 공하다고 체득했을까?
심오한 '반야바라밀다', 즉 6바라밀을 실천하며 공을 체득했다는 것이다.
6바라밀은 보시·지계·인욕·정진·선정·반야를 말함.

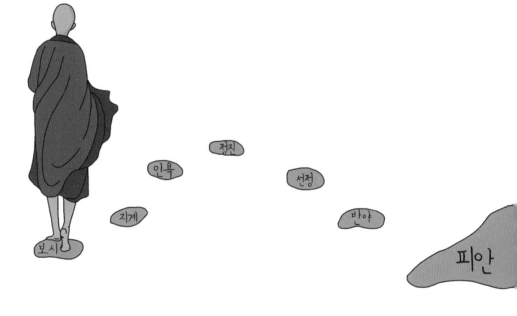

6바라밀이란

대승불교의 이념은 바로 보살정신과 6바라밀의 실천입니다. 다시 말해 대
승의 길[道]로 나아가는 주체는 보살이고, 그 길로 나아가는 실천은 6바라밀
(saḍ-pāramitā)이라는 것입니다.

보시바라밀

먼저 보시바라밀(布施波羅蜜, dāna-pāramitā)입니다. 보시(布施)란 범어 '다나(dāna)의
한역으로, 동사 √dā(주다)에 명사어미 '아나(ana)'가 붙은 말입니다. 보시에는
재보시·법보시·무외보시의 3종류가 있습니다.

  재보시는 재산이나 물건을 베푸는 것으로, 재가자가 출가자에게 베푸는
보시 또는 재가자가 재가자에게 베푸는 보시입니다.

  반면 법보시는 출가자가 재가자에게 진리[부처님의 가르침]를 베푸는 보시를
말합니다. 스님들의 법문이 이에 해당한다고 할 것입니다. 그런데 주목할 것
은 재보시와 법보시는 상호관계에 있다는 것입니다.

  마지막은 무외(無畏)보시입니다. 무외보시란 두려움을 없애주는 보시입니
다. 우리를 두렵게 하는 것은 고[괴로움]입니다. 즉 생로병사의 괴로움입니다.
이 중에서도 모든 인간에게 공통된 최고의 괴로움은 죽음의 괴로움입니다.
이 죽음의 괴로움에서 벗어나게 하는 것이 무외보시입니다.

지계바라밀

다음은 지계바라밀(持戒波羅蜜, śila-pāramitā)입니다. 지계란 5계, 8재계, 보살계

등의 '계를 받아 지킨다'는 의미입니다.

불교에는 많은 계율이 있지만, 대승에서는 섭율의계(攝律儀戒)·섭선법계(攝善法戒)·요익유정계(饒益有情戒)라는 3종류의 계, 즉 3취정계(三聚淨戒)를 제시합니다. 여기서 섭율의계란 악을 행하지 않는 계이며, 섭선법계는 선을 행하는 계, 마지막의 요익유정계는 유정(살아 있는 것)을 요익, 즉 구제하는 계입니다. 이 3종류의 계(戒) 중에서 앞의 두 계(戒)는 자리행이고, 마지막 하나는 이타행입니다. 즉 악을 막고 선을 행함으로써 내 마음이 청정하게 되는 자리행을 바탕으로 살아 있는 생명을 구제하는 이타행으로 나아간다는 것입니다.

그러면 왜 계(戒)를 지키는 것이 중요할까요? 이것을 '아뢰야식연기설'로 설명하면, 제6 의식이나 전5식의 표층심에서 행한 행위는 반드시 심층심인 제8 아뢰야식에 무언가 영향 내지 힘을 심습니다. 즉 '악을 행하지 말고 선을 행하자!', '다른 사람들을 위해 살자!'라고 마음 깊이 서원하고, 말로 표현하고, 실행해 가는 표층의 마음이 심층의 제8 아뢰야식 속에 하나의 힘으로 작용하여, 옳지 않은 것을 막고 악을 멈추게 하는 '방비지악(防非止惡)'을 심는다는 것입니다.

인욕바라밀

다음은 인욕바라밀(忍辱波羅蜜, kṣanti-pāramitā)입니다. 인욕이란 욕(辱)을 참는다는 뜻입니다. 즉 타인으로부터 원망이나 미움의 해(害)를 받아도 그것을 참고, 혹은 어떤 괴로움을 받더라도 그것에 지지 않고 '노력하는 것'이 인(忍)이라는 것입니다. 다만 앞에서 노력한다고 했지만, 이 경우의 참는다는 것은 일반적인 의미에서 노력한다는 것이 아닙니다. 본래 인(忍)의 범어인 끄샨띠(kṣanti)는 앎(지식)이라는 의미로서, 단순히 참는 것이 아니라 '알고서 참는다'는 뜻입니다.

그러면 무엇을 알고서 참는 것일까요? 나와 타인이 같다고 알고서 참는 것입니다. 타인으로부터 원망과 미움을 받아도 자타일여(自他一如)의 마음으로 그 미움과 원망을 참는 것, 즉 '하나 되어 염(念)하는 마음으로 인내'하는 것입니다. 타인과 '하나 되어 계속해서 염하는 마음에는 유와 무가 없으면서 있다'고 관하는 지혜, 즉 '공'을 관찰한 지혜로서 인내한다는 것입니다. 『반야심경』의 표현을 빌리면, '색즉시공 공즉시색'이라고 관하여 지혜로써 참고 인내한다는 것입니다.

그러면 모든 것은 '일여(一如)', '불이(不二)'라고 관하는 지혜가 왜 중요할까요? 그것은 이런 지혜를 체득함으로써 마음에 들지 않는 대상을 만나도 겁먹지 않고, 일이 뜻대로 잘되더라도 자만하지 않는 삶이 실현되기 때문입니다. 그래서 우리는 '일여'와 '불이'를 관하는 지혜를 얻기 위해 나와 타인(我他), 이것과 저것(彼此)을 구별하며 살아가는 삶의 방식을 반성하며, 인욕바라밀을 실천해야 합니다.

정진바라밀

다음은 정진바라밀(精進波羅蜜, vīrya-pāramitā)입니다. 정진이란 목표를 향해 용감하게 나아간다는 뜻입니다. 정진의 범어 '위르야(vīrya)'는 '노력한다'는 의미인데, 이것에 대한 한역으로서의 '정진(精進)'은 매우 뛰어난 번역이라고 생각합니다. 정진에서의 정(精)은 '맑다·희다', 즉 더러움이 섞이지 않고 깨끗하다'는 뜻이고, 진(進)은 용감하게 '나아간다'라는 뜻입니다. 결국 정진이란 몸에 붙은 더러움(번뇌)을 하나하나 제거하여 어떤 것도 섞이지 않은 순수하고 청정한 마음이 되도록 용감하게 나아간다는 것입니다. 이처럼 정진은 마음을 본래의 청정함으로 되돌리는 것이 중요하다는 것을 우리에게 가르쳐 주고 있습니다.

『유사사지론』에는 보살의 정진을 "모든 보살은 마음이 용감하고 무량의 선법을 섭수(攝受)하여 일체 유정을 이롭게 하고 안락하게 하는 것에 능하다."라고 정의하고 있습니다. 즉 보살의 정진은 마음이 용감하다는 것입니다. 마치 갑옷을 입고 투구를 걸친 장수가 적진으로 용감하게 돌진해 나아가는 마음처럼, 보살은 용감한 마음으로 중생에게 이익과 안락을 베풀려고 노력한다는 것입니다.

선정바라밀

다음은 선정바라밀(禪定波羅蜜, dhyāna-pāramitā)입니다. 선정이란 빨리어로 쟈나(jhāna), 범어로는 드야나(dhyāna)라고 합니다. 빨리어 쟈나의 음역이 선나(禪那)인데, 나(那)를 생략하여 선(禪)이라고 하고, 의역하여 정(定)이라고 합니다. 그리고 이 두 말을 합쳐 선정이라고 합니다. 이 말은 정려(精慮)라고도 하듯이 이른바 선정이란 마음이 마음속에 안주하여, 마음이 마음을 관찰하는 것이라고 할 수 있습니다.

또한 선정은 '심일경성(心一境性)', 즉 마음이 하나의 대상에 계속해서 집중하는 것을 말하기도 합니다. 다시 말해 마음이 하나의 대상에 머문 상태를 말합니다. 예를 들면 '들숨과 날숨'이라는 대상과 하나가 되는 것입니다.

또한 유식에서는 사마디(samādhi, 三昧)를 정(定)이라고 하는데, 법상종〔중국의 유식종파〕의 소의 논서라고 할 수 있는 『성유식론』에서는 정(定)을 '전주불산심소(專注不散心所)', 즉 오로지 기울여서 흩어지지 않게 하는 마음작용이라고 하였듯이 '마음을 오로지 한 곳에 일심으로 집중하는 것'을 말합니다.

그러면 선정에 들어가기 위해서는 어떻게 해야 할까요?

먼저 부처님이 설한 가르침을 듣고〔聞〕, 그것을 다시 마음속에 환원하여 생각하고〔思〕, 실천〔修〕하는 것이 필요합니다. 즉 문혜(聞慧)·사혜(思慧)·수혜(修

慧)의 3가지의 지혜가 필요하다는 것입니다. 그래야만 선정에 들어갈 수 있습니다.

반야바라밀

다음은 반야바라밀(般若波羅蜜, prajñā-pāramitā)입니다. 먼저 반야바라밀의 의미를 설명하겠습니다.

반야는 범어로 쁘라즈냐(prajñā)라고 하지만, 사실 반야는 범어 쁘라즈냐의 음사가 아니라 빨리어 빤냐(paññā)의 음사입니다. 그리고 앞에서 이미 설명했지만, 바라밀다는 범어 빠라미따(pāramitā)의 음사입니다.

그러면 『반야심경』에서는 6바라밀 중에서 왜 반야바라밀을 대표로 설정한 것일까요? 그것은 '반야는 불모(佛母)'라는 대승불교의 가르침 때문입니다. 즉 반야는 모든 부처를 낳는 모(母), 즉 근원이라는 것입니다. 대승불교에 있어 반야바라밀은 나머지 5바라밀의 근원이라고 할 수 있습니다. 다시 말해 반야바라밀은 비록 6바라밀의 마지막에 위치하지만, 나머지 5바라밀의 근저에 반야바라밀이 있다는 것입니다.

보충 설명을 하자면, 6바라밀 중에서 앞의 5바라밀은 바른 실천(行足)이고, 반야는 바른 앎(智目)입니다. 용수보살의 말을 빌리면, 5바라밀은 행족(行足)인 실천 수행이고, 반야바라밀은 실천수행(행족)에 의해 획득된 지혜(지목)라고 말할 수 있습니다. 이처럼 반야바라밀다는 행족과 지목을 동시에 추구해야 도달할 수 있습니다. 행족(5가지 바라밀)을 떠난 지목(반야바라밀)도 없고, 지목을 떠난 행족도 없다는 것입니다.

이것을 중국철학이나 서양철학의 용어로 설명하자면 지행합일(知行合一)이라고 할 수 있을 것입니다.

보시바라밀

보시에는 재보시·법보시·무외보시가 있음.

재보시는 재산이나 물건을 베푸는 것으로 재가자가 출가자에게 베푸는 보시

법보시는 출가자가 재가자에게 설법하는 것으로, 사람들에게 진리[부처님의 가르침]를 베푸는 것

무외보시는 사람들에게 두려움[생로병사]을 없애주는 것

지계바라밀

지계란 '계를 받아 지킨다'는 의미. 계를 지키는 것이 왜 중요한가!

옳지 않은 것을 막고 악을 멈추게 하는 '방비지악(防非止惡)'을 심기 때문이다. 다시 말해 계를 지켜 악을 막고 선을 행함으로써 내 마음이 청정하게 되는 것은 자리행이며, 이 자리행을 바탕으로 살아 있는 생명을 구제하는 이타행으로 발전하기 때문이다.

인욕바라밀

인욕이란 '욕(辱)을 참는다'는 뜻

타인으로부터 원망과 마음을 받아도 자타일여(自他一如)의 마음으로 그 마음과 원망을 참는 것.

자타일여라는 지혜, 즉 '공'을 관찰한 지혜로서 인내한다는 것이다.

정진바라밀

정진이란 몸에 붙은 더러움을 하나하나 제거하여 어떤 것도 전혀 섞이지 않은 순수하고 청정한 마음이 되도록 용감하게 나아간다는 뜻

선정바라밀

선정이란 마음이 마음속에 안주하여, 마음이 마음을 관찰하는 것.

이곳에 도달하기 위해서는 어떤 전제가 필요할까요?

문혜(聞慧)·사혜(思慧)·수혜(修慧)의 3가지의 지혜가 필요.

반야바라밀

반야는 빨리어 빤냐(paññā)의 음사.

『반야심경』에서는 6바라밀 중에서 반야바라밀을 대표로 설함.

'반야는 불모(佛母)'라는 대승불교의 가르침 때문임.

나의 본래 모습은 공한 존재이다, 조견오온개공

조견

조견(C:照見, SKT: paśyati, E:acknowlege, enlighten)이란 비출 조(照), 볼 견(見)자로 이루어진 말로, 사물을 있는 그대로 '비추어 본다'는 의미입니다. 다시 말해 사물을 '확실하게 본다'는 것입니다.

그런데 범어 '빠스야띠(paśyati)'는 동사 √dṛś(보다)의 3인칭(ti), 단수, 현재형입니다. 그러므로 '그는 비추어 보다'는 현재로 해석해야 하지만, 바로 뒤에 과거를 나타내는 스마(sma)라는 부사가 있기에, 범본을 직역하면 '그[관자재 보살]는 비추어 보았다'는 의미가 됩니다.

반야의 지혜는 우리의 감각 자료·생각·언어·분별 등의 저쪽 너머에 있는 것을 비추어 보는 것입니다. 앞에서도 언급했지만, 이 '비추어 보다'의 범어는 빠스야띠(paśyati, 그는 보다)라는 동사인데, 현장 스님은 이것을 '조견'이라는 명사로서 한역하였습니다.

마치 낡은 청동거울을 닦으면 빛을 발하여 거울이 되듯이, 우리의 마음도 거울처럼 닦고 또 닦으면 본래 가지고 있는 '비추어 보는' 힘이 나타난다는 것입니다. 그 결과 관자재보살은 '5온이 모두 공하다'고 비추어 볼 수 있는 것입니다. 관자재보살뿐만이 아닙니다. 우리도 '5온이 모두 공하다는 것을 조견할 수 있다'는 의미이기도 합니다.

조견(照見)이란 사물을 있는 그대로 '비추어 본다'는 의미
관자재보살뿐만 아니라 우리는 '5온은 모두 공하다'고 비추어 볼 수 있는 것임.

다섯 가지 덩어리로 이루어진 나는 공한 존재이다

5온(C:五蘊, SKT:pañca skandhās, E:five heaps)이란 숫자 5인 '빤챠(pañca)'와 덩어리라는 뜻의 '스깐다(skandha)'의 한역으로, '5가지 덩어리[모임]'라는 뜻입니다. 그 다섯 가지 덩어리는 바로 색(色)·수(受)·상(想)·행(行)·식(識)입니다. 즉 모든 존재 내지 인간[我]은 1개의 물질[색온]과 4개의 정신작용[수온·상온·행온·식온]으로 구성되어 있다는 것입니다.

오온을 인간으로 국한시키면, 하나의 육체[색]와 4개의 마음[수상행식]으로 인간은 구성되어 있다는 것입니다. 그러므로 5온이란 내 몸과 마음을 구성하는 5가지의 구성요소라고 할 수 있습니다. 이처럼 5온은 나를 구성하는 요소이지만, 여기에서의 '나'는 실체로서 존재하는 것이 아니라 5가지가 모인 임시적 존재[假我]입니다. 이것을 '5온가화합(五蘊假和合)'이라고 합니다. 즉 조건이 맞아 5가지 모임으로 이루어진 '나'는 임시적으로 존재하지만, 조건이 다하면 사라지는 존재라는 것입니다.

『반야심경』의 용어를 빌려서 설명하자면, '색즉시공 공즉시색으로서의 나[我]는 5온가화합'이라는 것입니다.

첨언하자면 구마라집 스님은 5온을 5음(五陰)이라고 한역하고 있습니다.

그러면 색은 무엇이고, 수·상·행·식은 무엇일까요? 지금부터 5온에 대해 하나하나 설명하겠습니다.

5온이란 다섯 가지 덩어리[모임]'라는 뜻
다섯 가지 덩어리는 색·수·상·행·식

다섯 가지 덩어리로 이루어진 '나'는
실체로서 존재하는 것이 아니고 5가지가 모인 임시적 존재[假我]

즉 '5온가화합(五蘊假和合)'이라고 함.
『반야심경』에서는 ' 색즉시공 공즉시색으로서의 나[我]는 5온가화합'이라고 함.

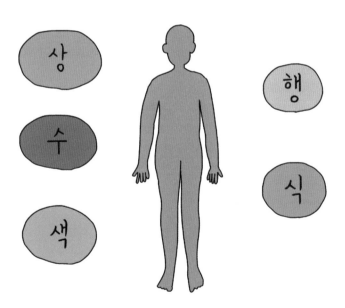

물질은 공하다

색(C:色, SKT:rūpa, E:form)이란 넓게 말하면 물질, 좁게 말하면 육체를 말합니다. 색은 범어 '루빠(rūpa)'의 한역인데, 이것은 동사 √rūp로부터 파생된 것으로 '형체가 있는 것'이라는 의미와 √ru(파괴하다)로부터 유래한 것으로 '변화하여 파괴되는 것'이라는 의미가 있습니다. 이것을 한자로 '질애(質礙)'와 '변괴(變壞)'라고 합니다.

변괴란 물질은 끊임없이 변화하여 한순간도 그대로 있는 것이 없다는 것이고, 질애란 물질이 동시에 똑같은 장소를 점유할 수 없다는 것입니다. 다시 말해 물질(색)은 무상(변화)하고, 또한 자기만의 고유한 공간을 점유하고 있다는 것입니다. 그래서 인간(육체)도 마땅히 변화하여 사라질 수밖에 없고, 또한 고유한 공간도 점유하고 있다는 것입니다.

그러면 색은 어떻게 구성되어 있었을까요? 불교에서는 색을 물질의 최소 단위인 극미(極微, paramāṇu, 더 이상 분리할 수 없는 최소 단위)가 모여 만들어진 것으로 봅니다. 그렇다면 어떻게 극미에서 다양한 물질적 존재인 나무·인간·새 등이 만들어지고, 또 그 성질이 각각 다르게 된 것일까요? 극미는 4대(四大), 즉 견고성(地性), 습윤성(水性), 열성(火性), 유동성(風性)과 4대소조(四大所造, 색깔이나 형태·냄새·맛·감촉)의 결합에 의해 다양한 물질이 구성됩니다. 예컨대 땅과 나무는 4대를 모두 갖추고 있지만, 그중에서 견고성을 가장 많이 가진 물질입니다. 물은 습윤성을 가장 많이 가진 물질이지만, 날씨가 추워 얼음이 되면 견고성, 열성과 습윤성을 가장 많이 갖추면 끓는 물이 되고, 다시 물이 운동성을 가장 많이 갖추면 기체가 되어 증발합니다.

색은 물질 또는 육체를 말함.
색이란 '질애(質礙)와 변괴(變壞)'의 성질을 가진 것
변괴란 물질은 끊임없이 변화하여 한 순간도 그대로 있는 것이 없다는 것
질애란 물질이 동시에 똑같은 장소를 점유할 수 없다는 것

그렇다면 색은 어떻게 구성되었을까?
물질의 최소 단위인 극미(極微, paramāṇu)가 모여 만들어진 것

어떻게 물질은 각각 그 성질이 다른가?
극미는 사대(四大), 즉 견고성[地性], 습윤성[水性], 열성[火性],
유동성[風性]과 사대소조(四大所造, 색깔이나 형태, 냄새, 맛, 감촉)의
결합에 의해 다양한 물질이 구성된다.

감수 작용은 공하다

다음은 정신작용인 수(C:受, SKT:vedanā, E:feelings)입니다. 수는 감수 작용, 즉 한자의 의미 그대로 '받아들인다'는 말입니다. 그러면 무엇을 받아들인다는 것일까요? 바깥에 객관적으로 존재하는 감각 자료(sense-data), 구체적으로 말하면 고(苦)·락(樂)·비고비락(非苦非樂)을 감수한다는 것입니다.

이 중에서 낙의 영납〔감수〕이란 즐거움이 생길 때 벗어나고자 하는 욕구가 생기지 않고, 그것이 소멸할 때 다시 한번 합하고자 하는 욕구가 생기는 것입니다. 즉 안락이나 즐거움이 지속되기를 바라는 것입니다. 고의 영납이란 괴로움이 생길 때 벗어나고자 하는 욕구가 생기고, 그것이 소멸할 때 다시 한번 합하고자 하는 욕구가 생기지 않는 것입니다. 즉 고뇌로부터 벗어나기를 바라는 것입니다. 비고비락의 영납이란 생길 때도 소멸할 때도 둘〔벗어나고자 하는 욕구와 합하고자 하는 욕구〕이 생기지 않는 것입니다. 그리고 '수'는 욕구에 의해 애욕을 일으키는 원인이 되는데, 이처럼 애욕에 집착하기 때문에 또한 윤회의 중요한 원인이 되기도 합니다.

유식에서는 수를 3수(三受)와 5수(五受)로 분류합니다. 3수는 고수(苦受)·낙수(樂受)·고도 아니고 낙도 아닌 사수(捨受)입니다. 그리고 5수는 고수·낙수·우수(憂受)·희수(喜受)·사수(捨受)입니다. 5수에서 고수와 낙수는 감각의 영역(전5식)이고, 우수와 희수는 감정의 영역(의식)에 속한다고 할 수 있습니다.

수(受)는 '받아들인다'는 의미로, 고(苦)·락(樂)·비고비락(非苦非樂)을 감수한다는 것

낙(樂)의 감수란 안락이나 즐거움이 지속되기를 바라는 것

고(苦)의 감수란 고뇌에서 벗어나기를 바라는 것

비고비락의 감수가 생길 때도 소멸할 때도 둘[벗어나고자 하는 욕구와 합하고자 하는 욕구]이 생기지 않는 것

유식에서는 수를 3수(三受)와 5수(五受)로 분류

개념 작용은 공하다

다음은 상(C:想, SKT:saṃjñā, E:perceptions)입니다. 상은 범어 상즈냐(saṃjñā)의 번역으로 대상을 분석적으로 아는 작용을 말합니다. 일종의 표상작용(表象作用)이라고 할 수 있습니다. 표상작용이란 '현재 지각하지 않은 사물이나 현상을 마음으로 묘사하는 상(像)'입니다. 즉 감각기관에 가한 자극으로 감수된 대상의 모습을 기억하여 그리는 것, 즉 감각자료를 언어로 이미지화하는 작용입니다.

유식학적으로 말하면 지각된 대상을 언어로써 정리하는 세밀한 마음 작용이라고 할 수 있습니다. 예컨대 '이것은 분필이다. 저것은 자동차다'라는 인식은 '분필'과 '자동차'라는 '언어'를 전제로 성립하듯이, 상이란 외부로부터 들어온 정보를 분석하여 '개념'을 구성하는 것입니다. 다시 말해 상이란 언어화 또는 개념화하는 정신작용으로서, 이른바 외부로부터 들어온 감각자료를 분석하여 언어를 사용하여 개념을 구성하는 마음 작용이라는 것입니다.

이처럼 인간은 외부에서 들어온 정보를 내면에서 분석하고, 거기에 언어를 적용함으로써 비로소 앎[인식]이 성립합니다. 인간의 인식구조에서 정보가 들어오는 것과 그것을 정리하고 분류하는 것은 동시로서, 마치 컴퓨터에 내장된 프로그램으로 외부로부터 들어온 정보를 정리하는 것과 같습니다. 이 경우 컴퓨터에 내장된 프로그램의 범주 내의 것은 정리하고 분류하지만, 마치 우리가 감당할 수 없는 자극이 오면 정신을 잃듯이, 컴퓨터도 내장 프로그램 범주 밖의 것은 제대로 처리하지 못하고 다운되어 버리는 것과 같습니다.

상이란 대상을 분석적으로 아는 작용
감각기관에 가한 자극에 의거하며 감수된 대상의 모습을 기억하며 그리는 것,
즉 감각자료를 언어를 통해 이미지화하는 작용

유식학적으로 말하면 상은 '외부로부터 들어온 센스데이터를 분석하며 언어를
사용하며 개념을 구성하는 마음 작용.'

모양은 길고
색은 전체적으로 노란색
껍질은 두껍지만 쉽게 벗겨지고
식감은 약간 퍽퍽하지만 부드럽고
향은 단내가 은은하고
맛은 달콤하다.

의지 작용은 공하다

행(C:行, SKT:saṃskāra, E:impulses)이란 '마음이 일정한 방향으로 움직여 간다'는 뜻입니다. 좀 더 자세하게 설명하자면, 행은 특정한 대상에 흥미를 품는 의지 작용으로서 오늘날의 말로 하면 기억·추리·상상의 작용이라고 할 수 있습니다.

행의 범어 '상스까라(saṃskāra)'는 접두어 'saṃ(함께)-√kṛ(만들다)'에서 파생한 남성명사로서 '함께 또는 동시에 만들어진 것'이라는 뜻입니다. 그래서 콘즈 박사도 'together makers'라고 영역한 것입니다.

그러면 왜 행을 '상스까라'라고 하였을까요? 그것은 의지 작용〔행〕이 우리의 마음을 선·악 또는 무기(無記)로 물들이는 마음 작용이기 때문입니다. 다시 말해 선한 의지로 마음을 작용시키면 선업이 생기고, 악한 의지로 마음을 작용시키면 악업이 생긴다는 것입니다.

또한 의지 작용은 자기가 인식한 대상에 대해 행위를 일으키는 마음 작용으로서, 마치 자석〔대상〕의 움직임에 따라 철〔마음〕이 움직이는 것과 같습니다. 이처럼 의지 작용은 인간 행위의 근원이 되는 마음 작용이라고 할 수 있습니다.

참고로 무기란 선과 불선〔악〕의 이롭고 해로운 뜻 중에서 기별(記別), 즉 선인지 악인지 별도〔別〕로 나타낼 수 없는 것〔無記〕을 말합니다. 즉 선도 악도 아닌 것을 말합니다.

행이란 '마음이 일정한 방향으로 움직여 간다'는 뜻으로, '의지(意志)'를 말함.

즉 의지 작용[行]은 우리의 마음을 선·악 또는 무기(無記, 선도 악도 아닌 것)로
물들며, 선업과 악업을 생기게 하는 것임.
그러므로 의지 작용은 인간 행위의 근원이 되는 마음 작용.

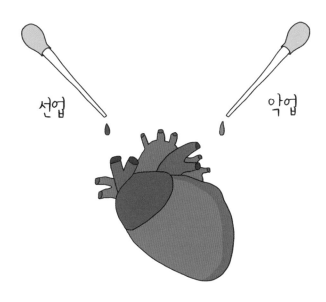

선업   악업

인식 작용은 공하다

식(C:識, SKT:vijñāna, E:consciousness)의 범어 위즈냐나(vijñāna)는 접두사 vi(쪼개다) + 동사어근 √jñā(알다)로부터 파생된 것으로, 안식·이식·비식·설식·신식·의식의 6가지의 식(인식 작용)이 색경·성경·향경·미경·촉경·법경의 6가지 대상(境)을 인식하는 움직임을 총괄하는 것입니다. 다시 말해 식이란 감수된 대상을 확실하게 식별하여 무엇인지 판단을 내리는 것, 즉 판단 사유하는 작용입니다. 유식학적으로 말하면 이것은 제6 의식입니다. 그러면 제6 의식은 어떤 마음 작용인지 알아봅시다.

첫째, 전5식의 활동을 바탕으로 대상을 종합적으로 판단 사유하는 마음입니다. 여기서 전5식(前五識)이란 '제6 의식 앞(前)에 있는 안식·이식·비식·설식·신식의 5가지 식(五識)'을 말합니다.

둘째, 전5식과 함께 작용하여 감각을 선명하게 해주는 마음입니다. 예를 들어 아픈 곳에 집중하면 그곳이 더 아픈 것과 같습니다.

셋째, 전5식의 배후에서 '언어'를 사용하여 대상을 개념적으로 '사고'하는 마음입니다.

나아가 유식에서는 제6 의식 이외에 심층심인 제7 말나식, 제8 아뢰야식을 더해 8종류의 식을 제시합니다. 제7 말나식은 언제나 집요하게 '자기중심적'으로 생각하는 마음입니다. 제8 아뢰야식은 행위의 결과인 '종자(種子, bīja)'를 '저장'하는 마음입니다. 종자에 대해서는 나중에 설명하겠습니다.

식이란 감수된 대상을 확실하게 식별하여 무엇인지 판단을 내리는 것
즉 판단 사유하는 작용

유식의 제6 의식에 해당함.
제6 의식이란 전5식의 활동을 바탕으로 대상을 종합적으로 판단 사유하는 마음
전5식 배후에서 '언어'를 사용하며 대상을 개념적으로 '사고'하는 마음

이건 먹을수 있는
식용식물이군.

5온에서는 왜 수·상·행만을 설정했을까

많은 마음 작용이 있는 데도 5온에서는 왜 수·상·행만을 설정했을까요? 괴로움의 원인은 마음에 있는데, 그 원인이 되는 가장 강력한 움직임이 수·상·행의 3가지 마음 작용이기 때문입니다. 그 이유를 설명해보겠습니다.

먼저 수입니다. 고수이든 낙수이든 이 둘은 괴로움의 원인입니다. 왜냐하면 우리가 괴로움으로부터 벗어나고자 하는 그곳에 집착이 생기기 때문입니다. 반대로 즐거움이 있으면 그것이 계속되기를 바라며 그것에 집착합니다. 이처럼 고락이라는 상대적인 세계에 머물러 있으면 우리는 언제나 그것에 집착할 수밖에 없습니다. 즉 집착하기 때문에 괴로움이 있는 것입니다.

상은 언어가 관여하는 마음 작용입니다. 부처님이 설한 가르침을 배우고 그것을 언어로써 이해하는 것은 매우 중요합니다. 그러나 언어는 모르핀과 같아서 어떻게 사용하느냐에 따라 독약이 될 수도 있습니다. 왜냐하면 언어에 의한 인식은 '허망 분별'이라고 하듯이, 본래는 잘못된 인식이기 때문입니다.

행은 인간의 의지를 말합니다. 이 의지를 어느 방향으로 향하게 하느냐에 따라 선업이 생기고 악업이 생기기도 합니다.

이와 같이 수는 집착, 상은 잘못된 인식, 행은 악을 생기게 합니다. 수·상·행에는 이런 작용이 있기 때문에 별도로 3가지의 마음 작용을 세운 것이 아닐까 합니다. 다만 『반야심경』에서는 수·상·행·식의 4가지 정신 작용도 공하다고 합니다.

5온에서는 왜 수·상·행의 3가지 마음 작용만 설정했을까?
- '수'는 집착을 생기게 함.
- '상'은 잘못된 인식[인식적 오류]을 생기게 함.
- '행'은 악을 생기게 함.

수·상·행에서는 이런 작용이 있기 때문에 3개의 마음 작용을 별도로 세운 것임.

수·상·행 세 가지 마음 작용을 잘 살펴 다스려야 합니다.

공은 제로이다

5온은 조건이 생기면 존재하고, 조건이 사라지면 없어지는 임시적으로 모인 존재입니다. 앞에서도 몇 번 설명했지만, 이것을 '5온가화합'이라고 합니다. 다시 말하면 5온으로 이루어진 나는 연기적 존재라는 것입니다. 연기적 존재는 다른 것에 의지하여 생긴 것으로서 자성이 없기 때문에 무자성하며, 무상이고, 공한 존재입니다. 이것을 『반야심경』에서는 '5온개공'이라고 한 것입니다. 정리하자면 나를 포함한 모든 존재는 무아 · 무상 · 연기 · 무자성 · 공한 존재라는 것입니다.

그렇다면 도대체 공이란 무슨 의미인가? 그래서 '공'의 글자적인 의미를 설명하겠습니다. 공이란 빌 공(空) 자이기 때문에 '비어있다'는 의미입니다. '공'이라고 한역한 범어는 '슌냐(śūnya)'인데, 허공 · 결여 · 부족이라는 뜻입니다. 좀 더 자세하게 설명하자면 '슌냐(śūnya)'는 무엇인가 결여된 상태, 즉 '~이 없는 상태'를 말합니다. 예를 들면 공(空, śūnya)이란 방에 있던 책상이 '존재하지 않는다'는 것을 말합니다. 이것을 숫자로 표현하면 '제로(0)'입니다. 나중에 설명하겠지만, 제로(0) = 공이라고 한 것입니다.

사족을 붙이자면, '슌냐(śūnya)'는 √śū라는 동사어근으로부터 만들어진 과거분사 '슈나(śūna)'에서 파생된 형용사입니다. 그리고 '슈나(śūna)'를 중성명사화한 것이 슌냐입니다.

5온으로 이루어진 나는 연기적 존재, 무자성, 무상, 공한 존재임.
이것을 『반야심경』에서는 '5온개공'이라고 함.

공이란 빌 공(空)자로 '비어 있다'는 의미
공은 범어 '순냐(śūnya)'의 번역으로 허공·결여·부족을 의미함.
숫자로 표현하면 제로(0)

자성이 공하다

그런데 이 구절의 범본은 '스와바와 슌얀(svabhāva-śūnyān)'으로서, '공'이 아니라 '자성공〔자성(svabhāva)이 공(śūnyān)이다〕'이라는 뜻입니다. 다시 말해 5온은 그 자성(自性)이 공이라는 것입니다.

그렇다면 '자성'이란 무슨 말인가? 자성이란 범어 '스와바와(svabhāva)'의 한역으로서 '사물의 본질(own-being)'을 뜻합니다. 즉 자성이란 다른 것에 의존하지 않고 항상 불변하는 성질을 가진 것〔실체〕이라는 말입니다. 『반야심경』에서는 5온은 자성이 없으며, 그 때문에 공이라고 하는데, 여기서 5온이 모두 '공'이라는 말은 연기·무자성의 다른 말입니다. 그런데 구마라집 스님과 현장 스님의 한역에서는 이 자성(svabhāva)을 생략하고 있습니다. 게다가 현장 스님은 이 구절을 단순히 '개공(皆空)'이라고 하고 있습니다.

한편 막스 뮐러 박사는 일본 법륭사의 사본을 영역하면서 이 구절을 'by their nature empty', 에드워드 콘즈 박사는 'empty in their own being'이라고 하여 '자성'의 의미를 살려 영역하고 있습니다. 참고로 뮐러 박사와 콘즈 박사는 '슌냐(śūnya, 空)'를 'empty', '슌야따(śūnyatā, 空性)'를 'emptiness'로 영역하고 있습니다.

『반야심경』 범문에서는 '5온은 그 자성이 공[자성공]'이라는 것을 말함.
자성(自性)이란 '사물의 본질(own-being)'이라는 의미로, '다른 것에 의존하지 않고 항상 불변하는 성질을 가진 것[실체]이라는 뜻'

뮐러 박사와 콘즈 박사는 '순냐(sūnya·空)'를 'empty'로
'순야타(sūnyatā, 空性)'를 'emptiness'로 영역함.

공을 느끼면 마음이 자유로워 집니다.

인류의 위대한 발견, 제로[공]와 아뢰야식

제로

앞에서 필자는 공[순냐]은 숫자 제로(0)의 다른 표현이라고 했습니다. 그러면 인도인이 발견하여 세계에 발신한 지적 유산으로는 무엇이 있을까요?

이런 질문을 받으면 대부분 '요가(yoga)'와 '아힘사(ahiṃsā = 불살생, 불상해, 비폭력)'를 떠올릴 것입니다. 하지만 필자는 '제로(0 = 空 = śūnya)'와 '아뢰야식(阿賴耶識, ālaya-vijñāna)'이야말로 인도인이 우리에게 준 최고의 선물이라고 생각합니다. 왜냐하면 이 두 개념은 인류의 정신문명에 엄청난 영향을 미쳤을 뿐만 아니라, 불교 특히 대승불교는 이 두 개념이 없었다면 결코 성립할 수 없었기 때문입니다.

먼저 '제로(0)'는 플러스와 마이너스 사이에서 중심 역할을 하는 숫자입니다. 만약 숫자에 제로가 없다면 인류의 문명이 이 정도로 발전할 수 없었을 것입니다. 게다가 제로=공(空)은 대승불교의 사상적 토대입니다. 앞에서도 언급했지만, 만약 '제로[공]'라는 개념이 없었다면 대승불교는 탄생하지 못했을 것입니다. 왜냐하면 대승불교는 '공'을 바탕으로 한 '중관사상'에서 출발하기 때문입니다.

독자 여러분도 잘 알고 있듯이, 우리가 법회 때마다 독송하는 『반야심경』이나 대한불교조계종의 소의경전인 『금강경』의 핵심 사상은 바로 '공=제로'를 토대로 성립한 것입니다. 이처럼 '제로[공]'는 한국불교도뿐만 아니라 대승불교도의 사상적 토대가 되는 아주 중요한 용어입니다. 과장하여 말하면, 제로=공을 이해하지 못한다면 대승불교 자체를 이해할 수 없다는 것입니다.

아뢰야식

그리고 필자는 제로의 발견에 버금가는 것이 제8 아뢰야식의 발견이라고 생각합니다. 그러면 무엇 때문에 제8 아뢰야식의 발견이 제로에 버금가는 위대한 것일까요?

첫 번째는 불교를 제외하고 마음의 심층에 있는 제8 아뢰야식의 존재를 알아차린 사람이나 이것을 주장하는 사상이 없다는 것입니다. 특히 뇌 과학이 발달함에 따라 뇌의 구조와 작용에 대한 의문들이 상당 부분 해명되었지만, 여전히 마음의 존재는 과학적으로 증명하지 못하고 있습니다. 게다가 정신분석학에서 '무의식'을 밝혔지만, 무의식과 제8 아뢰야식은 전혀 다른 것입니다. 유식에서는 프로이트가 말하는 무의식은 제6 의식〔몽중의식〕의 영역에 속하는 것으로 분류합니다. 자세한 것은 필자의 졸저 『마음공부 첫걸음』 등을 참조하시기 바랍니다.

두 번째는 불교가 심층의 마음인 제8 아뢰야식을 발견함으로써 마음과 바르게 접촉하는 방법도 제시할 수 있게 되었다는 것입니다. 독자 여러분도 공감하듯이 우리의 삶은 괴롭습니다. 그러나 '마음'과 바르게 사귀면 욕망, 분노, 미움, 절망과 같은 부정적인 감정이 저절로 사라져 살아가는 즐거움으로 충만하게 됩니다. 그리고 유식은 이러한 마음의 구조를 근본적으로 해명하여 마음을 대 변혁시키는 방법을 제시하고 있습니다. 그러면 제8 아뢰야식이 어떤 마음인지 잠시 살펴보도록 하겠습니다.

제8 아뢰야식이란 '내〔인간〕가 행한 결과물인 종자(種子, bīja)를 저장하는 마음'입니다. 다시 말해 우리가 어떤 행위를 하든 그 행위는 종자가 되어 제8 아뢰야식에 차곡차곡 저장되어 우리의 삶에 영향을 미치는 심층의 마음이라는 것입니다. 제8 아뢰야식을 '인간이 행위한 결과물인 종자가 저장되는 장소', 즉 식물의 씨앗인 종자가 밭인 제8 아뢰야식에 저장되는 것을 비유적으로 표현한 것입니다. 그렇다고 종자를 식물의 씨앗과 같은 것으로 생각해서는 안 됩니다. 종자는 어디까지나 '정신적인 힘·활동·에너지'를 말합니다. 선한 행위를 하면 인격의 근저에 선한 행위가 축적되어 점차 선한 행위를 생기하는 힘이 강한 인격으로 되는 것입니다.

제8 아뢰야식은 '아뢰야(阿賴耶)'라는 말과 '식(識)'이라는 말로 이루어진 합성어입니다. 여기서 '아뢰야'란 '저장하다'라는 뜻의 범어 알라야(ālaya)를 음사한 것입니다. 독자 여러분도 잘 알고 있듯이 인도와 네팔의 국경에 '히말라야(himālaya)'라는 산이 있습니다. 여기서 '히마(hima)'는 '눈(雪)', '알라야(ālaya)'는 '저장, 창고'라는 의미로서, 이른바 '히말라야'는 사시사철 '눈이 저장된 곳'이라는 말입니다. 그래서 아뢰야[알라야]를 저장하는 마음이라고 한 것입니다.

그리고 식(識)은 범어 '위즈냐나(vijñāna)'를 번역한 것입니다. 위즈냐나는 '위(vi:나누다)'라는 접두어에 동사원형 √jñā(알다)라는 말이 합성되어 이루어진 것으로서 '둘[주관(견분)·객관(상분)]로 나누어 알다'라는 뜻입니다. 이렇게 보면 식(識)은 '마음[心=識]'의 다른 표현이라고 할 수 있는데, 현장 스님은 제8 아뢰야식을 저장할 장(藏)과 알 식(識)의 장식(藏識) 또는 집 택(宅)과 알 식(識)의 택식(宅識)으로 한역하였습니다. 참고로 제8 아뢰야식을 영어로는 'store consciousness'라고 번역합니다.

제로

인도인이 세계에 발신한 지적 유산은 '제로(0=空=śūnya)'와
'아뢰야식(阿賴耶識, ālaya-vijñāna)'임.
'제로'는 플러스와 마이너스 사이에서 중심 역할을 하는 숫자로,
인류 문명을 발전시킨 원동력 또한 제로=공(空)은 대승불교의 사상적 토대

아뢰야식

제로의 대발견에 버금가는 것이 제8 아뢰야식의 발견이다. 왜냐하면
첫째, 불교 이외에 마음의 심층에 있는 제8 아뢰야식의 존재를 알아차린
사람이나 이것을 주장하는 사상이 없다는 것
둘째, 불교는 심층의 마음인 제8 아뢰야식을 발견함으로써 마음과 바르게
접촉하는 방법을 제시할 수 있게 되었음.

제8 아뢰야식이란 '내[인간]가 행한 결과물인 종자(種子, bīja)를 저장하는
심층의 마음'
영어로 'store consciousness'라고 번역함.

제로란 '+'와 '-'사이에서
더함도 부족함도 없는
것이다.

나는 왜 연기적 존재이고, 공한 존재인가?

여기서는 5온으로 이루어진 나는 왜 연기적 존재이고, 무아이고, 무상하고, 무자성이며, 공한 존재인지에 대해 설명하도록 하겠습니다.

먼저 나 자신이 존재하기 위한 전제를 따져보겠습니다. 언제인지는 알 수 없지만 대 폭발이 일어나 우주가 형성되었습니다. 이 과정에서 여러분도 이미 알고 있듯이 지구가 생겼습니다. 오랜 시간 동안 지구에는 생명체가 존재하지 않다가 지금으로부터 35억 년 전에 최초의 근원적인 생명체가 바다에서 생겨났습니다.

그리고 이 생명체가 미생물에서 생물 등으로 진화를 거듭하여 동물·영장류·원숭이·인간·원시인으로 진화했을 것입니다. 그리고 한국인의 조상인 단군할아버지에서 출발하여 고구려인 ·백제인 내지 신라인이 되었을 것입니다. 또한 고려인·조선인으로 이어졌을 것입니다.

그리고 이렇게 많은 사람 중에서 어느 한 사람이 나의 조상이 되어 고조·증조·할아버지로 이어졌을 것입니다. 그리고 할아버지가 할머니를 만나 내 아버지를 낳았을 것이며, 외할아버지와 외할머니가 만나 내 어머니를 낳았을 것입니다. 또한 어떤 인연으로 인하여 내 아버지와 어머니가 만나 사랑을 나누어 아버지의 정자 20만 개 중의 하나가 어머니의 난자와 결합하여 내가 태어나게 되었습니다. 만약 내 조상 중에서 임진왜란·병자호란이나 한국전쟁에서 어느 한 사람이라도 돌아가셨다면, 나는 지금 이 자리에 존재할 수 없습니다.

그리고 나는 어머니의 뱃속에서 어머니의 영양 공급으로 생명체를 유지하다가 10개월 만에 태어났습니다. 부모의 직접적인 도움과 형제, 자매, 친척이나 학교 선생님·친구 등의 간접적인 을 받았습니다. 또한 주변 사람들(사회)의 도움으로 생존하고 있습니다.

또한 주위 환경의 도움도 받았습니다. 앞에서 언급했지만 태초에 우주가 생겼고, 우주 안에 태양계, 태양계 안에 지구가 생겼습니다. 이 지구는 대륙과 바다로 이루어져 수많은 사물이 존재합니다. 만약 그들의 도움이 없었다면 나는 지금 존재할 수 없습니다.

그리고 나는 주변의 무수한 사물인 물·책상·의자·집·침대·이불·지하철·컴퓨터·버스 등의 도움으로 존재하고 있습니다.

게다가 나는 신장·신경·가슴·근육·뼈·피부와 좀 더 구체적으로 말하면 60조의 세포로 구성되어 있으며, 그들의 도움을 받아 살아갑니다. 그들에게 조금이라도 문제가 생기면 나는 병에 걸려 고통을 받거나 심지어 심하게 아프면 목숨을 잃기도 할 것입니다.

이처럼 나는 수많은 간접적인 조건(緣)과 직접적인 조건(因), 즉 '인연(因緣)'에 의지해서 존재합니다. 나는 단 1초도 다른 것의 도움 없이는 살아갈 수 없는 존재입니다.

독자들께서도 곰곰이 생각해 보세요. 다른 것에 의지하지 않고서는 단 1초도 생존할 수 없는 이런 존재에 '나'라고 하는 자성이 어디 있으며, 나의 실체가 어디 있겠습니까? 나의 본질이라고 할 수 있는 것은 없습니다. 다시 말해 나는 연기적인 존재이고, 나라고 말할 수 있는 자성이 없습니다. 그래서 부처님도 연기적 존재는 공이고, 무자성이라고 한 것입니다. 나아가 부처님은 우리에게 공을 체득하여 괴로움이 가득한 차안의 세계에서 깨달음의 세계인 피안으로 가는 방법과 실천을 경전에서 반복해서 우리에게 제시하고 있습니다.

　사족일지 모르지만, 또 하나의 예를 들어보겠습니다. 『도표로 읽는 반야
심경』이 출판되기까지의 과정을 봅시다. 알다시피 제가 『도표로 읽는 반야
심경』을 출판했습니다. 그런데 이 책을 저 혼자의 노력으로 출판했습니까?
저 혼자 노력으로 만든 것이 아니라는 것을 독자들께서는 누구나 알고 있습
니다. 주위의 도움으로 출판했습니다. 예를 들어 우선 직접적으로는 도서출
판 민족사와 민족사 관계자, 초고를 읽고 교정해 준 구자상 교수, 가족 등의
도움으로 출판이 가능했습니다. 또한 비록 무생물이지만 책상·의자나 컴퓨
터·마우스·전기 등의 도움이 없었다면 나는 『도표로 읽는 반야심경』을 출
판할 수 없을 것입니다. 그러므로 살아있든 생물이든 무생물이든 모든 존재
는 내가 살아가는 데 도움을 주는 존재이며, 그들과 서로 연결되어 있다는
것을 잊어서는 안 될 것입니다.

　이처럼 내 주변에 있는 모든 사물도 인연─간접적인 원인〔多緣〕과 직접적
인 원인〔一因〕─으로 구성되어 있으며, 다른 것의 도움을 받아 생존하고 존재
합니다. 나 자신뿐만 아니라 모든 존재는 이처럼 다른 것의 인연에 의해 존
재합니다.

　앞에서 필자가 길게 설명한 내용을 용수보살은 『중론』에서 이것을 '연기이
고, 무자성이며, 공이며, 중도'라고 아주 간단하게 표현하였습니다.

　또한 반야경의 주석서인 『대지도론』에서는 "일체의 법을 관찰하면 인연으
로부터 생기한다. 즉 자성이 없다. 자성이 없기 때문에 필경 공이다. 필경 공
그것이 반야바라밀〔지혜의 완성〕이다."라고 하였는데, 이 말을 『반야심경』에서
는 '5온개공'이라고 아주 간단하게 표현한 것입니다.

5온으로 이루어진 나는 연기적 존재이고, 무자성이고, 무아이고, 공한 존재이다.

나는 미생물-생물-동물-영장류-원숭이-인간-원시인-단군 할아버지-고구려-
백제인-신라인-고려인-조선인-고조-증조-할아버지+할머니-아버지+어머니에서 태어남.

만약 내 조상 중에서 임진왜란·병자호란이나 한국전쟁에서 어느 한 사람이라도
돌아가셨다면, 나는 지금 이 자리에 존재할 수 없음.

또한 우주-태양계-지구-대한민국-서울-부산의 도움 받음.
무생물인 물-책상-집-침대-이불-지하철-컴퓨터 등의 도움 받음.
내 몸을 구성하는 신장-신경-가슴-근육-뼈 등과 60조의 세포의 도움

이런 인연-간접적인 원인[多緣]과 직접적인 원인[一因]-의 도움 없이는
단1초도 내[인간]는 살아갈 수 없다. 이런 존재에게 나라고 할 수 있는
자성[실체]은 없다. 즉 나는 연기적 존재이고, 공한 존재이다.

모든 고난과 재앙에서 벗어나다

도일체고액(度一切苦厄)이란 '일체(一切)의 괴로움[苦]과 재앙[厄]을 건넜다[度]'는 의미입니다. 다시 말해 정신적인 괴로움이 없어졌을 뿐만 아니라, 있다고 해도 그것에 사로잡히지 않고 벗어났다는 것입니다.

그러면 우리에게 왜 괴로움과 재앙이 생길까요? 불교에서는 인간[5온]이 '공한 존재'임에도 불구하고 그것을 모르고 자성이 있다고 집착하기 때문에 괴로움이 생긴다고 합니다. 그러면 어떻게 해야 이것으로부터 벗어날 수 있을까요? 『반야심경』의 표현을 빌리면 5온이 모두 자성이 없다는 것[공]을 조견함으로써 일체의 괴로움과 재앙으로부터 벗어날 수 있습니다.

그런데 이 구절은 구마라집 스님과 현장 스님의 한역에는 있지만, 대본의 한역본인 법월 스님, 법성 스님의 한역, 그리고 티베트 역뿐만 아니라 소본과 대본의 범본에도 대응하는 구절이 없습니다. 다만 현장 스님의 제자 자은대사 규기 스님의 『반야바라밀다심경유찬』이나 원측 스님의 『반야바라밀다심경찬』에는 이 구절에 대한 주석이 있습니다. 따라서 이 구절은 구마라집 스님과 현장 스님의 한역에 처음으로 등장하지 않았을까 생각됩니다.

이상으로 입의분을 해설을 마치고, 파사분으로 들어가겠습니다.

도일체고액(度一切苦厄)이란
'일체(一切)의 괴로움[苦]과 재앙[厄]을 건넜다[度]'는 의미.

그렇다면 우리에게 괴로움과 재앙은 왜 생길까?
나는 '공한 존재'인데, 자성이 있다고 집착하기 때문에 괴로움이 생김.

이 괴로움에서 벗어날 수 있을까?
『반야심경』에서는 5온이 모두 자성이 없다는 것[공]을 조견하면, 일체의 괴로움과
재앙에서 벗어난다고 함.

제4장

파사분破邪分을 해설하다

사리자. 색불이공. 공불이색. 색즉시공. 공즉시색. 수상행식역부여시. 사리자. 시제법공상 불생불멸. 불구부정. 불증불감. 시고공중. 무색. 무수상행식. 무안이비설신의. 무색성향미촉법. 무안계 내지 무의식계. 무무명 역무무명진. 내지무노사. 역무노사진. 무고집멸도. 무지역무득. 이무소득고.

舍利子. 色不異空. 空不異色. 色卽是空. 空卽是色. 受想行識亦復如是. 舍利子. 是諸法空相. 不生不滅. 不垢不淨. 不增不減. 是故空中. 無色. 無受想行識. 無眼耳鼻舌身意. 無色聲香味觸法. 無眼界 乃至 無意識界. 無無明. 亦無無明盡. 乃至無老死. 亦無老死盡. 無苦集滅道. 無智亦無得. 以無所得故.

사리자여! 색은 공과 다르지 않고, 공은 색과 다르지 않다. 색이 곧 공이요, 공이 곧 색이다. 수상행식도 또한 이와 같다. 사리자여! 제법(존재하는 모든 것)은 공을 특질로 하기 때문에 생기하지도 소멸하지도, 더러움도 깨끗함도, 증가하지도 줄어들지도 않는다. 그러므로 공에는 색·수·상·행·식[5온]도 없고, 안·이·비·설·신·의[6근]도 없고, 색·성·향·미·촉·법[6경]도 없고, 안계도 없고 내지 의식계[6식]도 없다. 무명도 없고 또한 무명이 다함도 없다. 내지 늙음도 죽음도 없다. 또한 늙음과 죽음이 다함이 없다. 고집멸도도 없다. 지(智)도 없고 또한 얻음도 없다. 얻어지는 것이 없기 때문이다.

깨달은 눈으로 보면 모든 것은 공하다

파사분의 첫 경문을 설명하고자 합니다. 첫 경문은 다음과 같습니다.

사리자. 색불이공. 공불이색. 색즉시공. 공즉시색. 수상행식역부여시.

舍利子. 色不異空. 空不異色. 色卽是空. 空卽是色. 受想行識亦復如是.

사리자여! 색은 공과 다르지 않고, 공은 색과 다르지 않다. 색이 곧 공이요, 공이 곧 색이다. 수상행식도 또한 이와 같다.

iha Śāriputra rūpaṃ śūnyatā, śūnyatāiva rūpaṃ. rūpān na pṛthak śūnyatā, śūnyatāyā na pṛthag rūpam. yad rūpaṃ sā śūnyatā, yā śūnyatā tad rūpam. evam eva vedanā-saṃjñā-saṃskāra-vijñānāni.

샤리뿌뜨라여! 이 세상에 있는 색[물질적 현상]에는 실체가 없고[空性], 실체가 없기 때문에 물질적 현상[色]이다. 실체가 없다고 하여도 그것은 물질적 현상을 떠나 있지 않다. 또한 물질적 현상은 실체를 떠나서 물질적 현상이 아니다. 그리고 물질적 현상은 모두 실체가 없다. 또한 실체가 없는 것은 물질적 현상이다. 이것과 같이 감수 작용[受]·표상 작용[想]·의지 작용[行]·판단 작용[識]도 모두 실체가 없다.

사리자여! 색은 공과 다르지 않고,
공은 색과 다르지 않다.
색이 곧 공이요, 공이 곧 색이다.
수상행식도 또한 이와 같다.

지혜제일 사리자

사리자라는 이름의 유래

사리자(C:舍利子·舍利弗, SKT:Śāriputra)는 부처님의 10대제자 중의 한 분입니다. 경전에는 부처님 재세시에 1,250명의 제자가 있었다고 전합니다. 그중에서도 가장 뛰어난 10명의 제자를 '10대 제자'라고 합니다. 그들은 각자 특기가 있었는데, 사리자는 지혜가 가장 뛰어나다고 해서 '지혜제일'이라고 합니다.

사리자의 범어는 샤리 뿌뜨라(Śāri-putra)인데, 샤리(śāri)는 아름다운 소리로 우는 작은 새를 의미하지만, 이 경우는 사람 이름입니다. 뿌뜨라(putra)는 아들이라는 뜻입니다. 즉 그의 어머니의 이름이 샤리(śāri)였는데, 그녀의 아들(putra)이라는 의미로 '샤리[舍利]의 아들[子]'이라고 한 것입니다.

사리자는 지혜제일 또는 해공제일의 제자인데, 다른 제자들보다 지혜가 뛰어나고 또한 공을 가장 잘 이해했기 때문에 이름 앞에 이런 수식어가 붙었습니다. 그리고 『반야심경』은 부처님이 사리자를 청문자(聽聞者)로 하여 설법하는 것으로 구성되어 있습니다.

범본에 등장하는 '샤리뿌뜨라(Śāriputra)'는 남성명사 '샤리뿌뜨라(Śāriputra)'의 단수, 호격(vocative)입니다. 그래서 '사리자여!'라고 번역하였습니다. 구마라집 스님은 의역하여 사리불(舍利弗), 빨리어는 사리뿟따(Sāriputta)라고 합니다.

사리자의 출가 인연

사리자는 본래 외도(外道)인 산자야(Sanjāya)의 제자였는데, 어느 날 5비구 중의 한 명인 마승(馬勝, Aśvajit)으로부터 '연기게(緣起偈)'를 듣고 감동하여, 친구인 목련과 함께 부처님의 제자가 되었다고 합니다.

그러면 마승이 사리자에게 부처님의 핵심 가르침이라고 전한 '연기게'란 무엇일까요? 이 말은 제법이 모두 인연으로부터 생기한다는 뜻입니다. 결국 마승이 부처님의 핵심 가르침이라고 확신했던 것이 연기로서, 부처님은 '무엇을 믿어야 하는가?'라는 우리의 질문에 '연기의 도리'를 믿으라고 한 것입니다.

사실 연기는 부처님의 출현 여부와 상관없이 영원히 존재하는 진리입니다. 부처님의 무상·무아 등의 가르침은 바로 이 연기에 기초하여 설해진 것입니다. 사리자가 마승으로부터 '모든 존재는 연기의 도리에 따른다'고 하는 부처님의 가르침을 듣고 마승과 같은 수준에 도달했다고 합니다. 그러면 사리자가 어떻게 오랜 수행을 거듭한 마승과 같은 경지에 도달했을까요? 그것은 사리자도 '나'라는 존재는 '왜, 지금, 이렇게 존재하는가?'라는 물음을 추구했기 때문입니다. 나뿐만 아니라 일체의 모든 존재, 즉 나·타인·자연계 등을 포함한 세계도 마찬가지입니다. 사리자 역시 '이 세계는 도대체 어떤 인연(원인)에 의해 생기하는가?'라는 물음을 추구하고 있었습니다. 그리고 이 게송을 듣고 자신이 오랫동안 품었던 물음에 대한 해답이라고 생각하였던 것입니다.

사리자의 입멸과 자등명·법등명

사리자는 많은 활동을 했지만 부처님보다 먼저 입멸합니다. 사리자의 입멸은 불교교단으로서는 커다란 손실이었습니다. 그 누구보다 사리자의 죽음을 슬퍼한 것은 아난이었습니다.

아난이 사리자의 입멸을 들은 것은 부처님과 함께 사위성의 기원정사에
머물고 있을 때였다고 합니다. 사리자의 고향 날라까(nālaka)에서 병든 사리자
를 간병하며 죽음을 지켜본 제자가 그의 의복과 발우를 가지고 오자, 아난
은 출가자 신분임을 잊고서 대성통곡했다고 합니다. 이때 부처님은 아난에
게 다음과 같은 가르침을 설했다고 합니다.

"아난이여! 내가 이전부터 가르치지 않았던가. 모든 사랑스러운 것과 기
쁜 것은 언젠가는 떠나고, 잃어버리고, 변할 때가 온다고.

아난이여! 태어나고 생기하여 부서지는 것을 부서지지 않게 하는 것, 그
것이 어떻게 가능한가? … 커다란 나무가 아무리 단단하여도, 그 큰 가지
는 언젠가는 소멸한다. 그것과 같이 대비구 집단이 아무리 튼튼하여도 사
리자는 죽었다.

아난이여! 태어나고 생기하여 부서지는 것을 부서지지 않게 하는 것,
그것이 어떻게 가능한가? … 자기를 등불로 하고, 자기를 의지처로 하여,
타인을 의지처로 하지 말라. 법〔진리〕을 등불로 하고, 법을 의지처로 하여,
그것 이외의 것을 의지처로 하지 말라. 내가 입멸한 후에도 마찬가지다."

(『Mahāparinibbana-sutta(대반열반경)』, 2, 26)

이 법문이 그 유명한 '자등명·법등명'입니다.

사리자라는 이름의 유래
사리자는 부처님의 십대제자 중의 한 분
지혜가 가장 뛰어나고, 공을 가장 잘 이해했기 때문에 『반야심경』의
청문자(聽聞者)로서 등장

사리자의 출가 인연
5비구 중의 한 명인 마승에게서 "제법[존재하는 모든 것]은 인연으로부터 생기한다.
그 인연을 스승[부처님]은 말씀하신다. 또한 그 인연이 멸하는 것이 무엇인지 위대한
스승은 말씀하신다."라는 연기게(緣起偈)를 듣고, 신통제일 목련 존자와 함께
부처님의 제자가 됨.

사리자의 입멸과 자등명·법등명
사리자의 죽음을 가장 슬퍼한 제자는 아난
그에게 부처님은 다음과 같은 '자등명·법등명'의 가르침을 설함.

모든 사랑스러운 것과 기쁜 것은 언젠가는 떠나고, 잃어버리고,
변할 때가 온다. 태어나고 생기하여 부서지는 것을 부서지지 않게 하는 것, 그것이
어떻게 가능한가? 그것은 논리에 맞지 않다. 자기를 등불로 하고, 자기를
의지처로 하여 타인을 의지처로 하지 말라. 법[진리]을 등불로 하고, 법을 의지처로
하여 그것 이외의 것을 의지처로 하지 말라. 내가 입멸한 후에도 마찬가지다.

조롱의 대상인 된 사리자

대승불교에서 사리자는 그다지 호의적인 인물이 아닙니다. 대표적으로『유마경』에는 웨살리의 장자 유마거사가 대승의 공관을 체득한 거사로 등장합니다. 여기서 유마거사는 부처님의 화신이라고 생각하면 됩니다.

반면 사리자는 아라한의 대표로서 등장하는데, 유마거사의 병문안을 와서는 유마거사에게 사리자는 천박한 사람으로 심한 조롱을 받습니다. 자세한 내용은『유마경』을 참조하시기 바랍니다.

이것은 아마도 대승불교의 입장에서는 소승불교를 대표하는 사리자를 조롱함으로써 소승불교 전체를 폄하하고자 하는 의도가 있었을 것으로 추측됩니다. 그렇지만『유마경』도 비록 사리자를 조롱의 대상으로 삼았지만, 사리자가 불교교단을 대표하는 중심인물이라는 것을 부정하지는 않습니다.

하여튼 사리자는 불교교단을 대표하는 인물이었다는 것은 분명합니다. 그리고『반야심경』에서는 관자재보살(부처님)이 사리자를 부르면서 "색은 공과 다르지 않고, 공은 색과 다르지 않다. 색이 곧 공이요, 공이 곧 색이다. 수상행식도 또한 이와 같다."라는 가르침을 펼칩니다. 즉 아래 경문에서는 관자재보살이 5온은 공(5온개공)이라고 먼저 총론을 말합니다. 그리고 각론으로 색온을 가져와 색은 공과 다르지 않고 공은 색과 다르지 않다, 색이 공이고 공이 곧 색이라고 설하는 것입니다.

이처럼 사리자는 대승불교(『반야심경』)와 소승불교(『아함경』)에서 존경을 받은 인물임에는 틀림없습니다.

조롱의 대상이 된 사리자

『유마경』에는 와이샬리[웨샬리]의 장자 유마 거사가 대승의 공관을 체득한
거사[부처님의 화신]로 등장

사리자는 아라한의 대표로 유마 거사의 병문안을 와서는 유마 거사에게 천박한
사람으로 심한 조롱을 받음.

이것은 대승불교의 입장에서 소승불교를 폄하하고자 하는 의도가 담겨있음.

사리자

유마거사

깨달은 눈으로 보면 색은 공과 다르지 않고, 공은 색과 다르지 않다

색불이공 공불이색(C:色不異空 空不異色, SKT:rūpān na pṛthak śūnyatā, śūnyatāyā na pṛthag rūpaṃ. E:form does not differ from emptiness, emptiness does not differ from form)

색은 공과 다르지 않다

한역을 중심으로 '색불이공 공불이색'을 해설하겠습니다.

먼저 '색'이란 넓은 의미로는 물질, 좁은 의미로는 육체·몸이라고 할 수 있습니다. 그리고 색﹝물질, 육체﹞은 5온을 설명할 때 이미 앞에서 말했듯이 두 가지 성질을 가지고 있습니다.

첫째, 색﹝물질﹞은 범어 √ru(파괴하다)에서 파생한 것으로 '변화하는 것'이라는 뜻입니다. 이 말은 시간적으로 소멸하는 성질을 가졌다는 것, 즉 변화하고 파괴되는 것입니다. 다시 말해 내 주위에 펼쳐진 사물이나 자연계, 즉 산이나 강뿐만 아니라 지구도 언젠가 소멸하여 사라집니다. 이것을 한역에서는 물질은 변하여 파괴된다는 뜻인 변괴(變壞)라고 합니다.

또한 우리의 몸﹝색﹞은 변괴뿐만 아니라 '뇌괴(惱壞)'의 성질도 있습니다. 뇌괴란 '괴롭고 파괴된다'는 뜻입니다. 다시 말해 우리의 몸은 욕망﹝식욕, 성욕, 수면욕 등﹞에 의해 괴롭다는 것입니다. 사실 감각적 욕망이 없으면 몸은 괴롭지 않습니다. 우리의 삶이 괴로운 것은 감각적 욕망이 끊임없이 질퍽질퍽하게 솟구쳐 오르기 때문입니다. 그러나 내 몸은 언젠가 파괴됩니다. 즉 제행무상인 것입니다. 그래서 '괴롭고 파괴되는 것'입니다.

둘째, 또 하나는 √rup에서 파생한 것으로 '형체가 있는 것'이라는 뜻입니다. 다시 말해 물질은 '동일한 공간에 둘이 존재할 수 없다'는 것입니다. 이 것을 한역에서는 '질애(質礙)'라고 합니다. 서양철학의 용어로 표현하면, 물질 은 '점유성(占有性)'을 가진 존재라는 것입니다.

정리하면 색(물질, 육체)은 고유한 공간을 가진 존재이기는 하지만, 조건(인연) 에 의해 만들어진 것이기 때문에 변화하는 존재입니다. 다시 말해 다른 것에 의존하며 항상 변하는 성질을 가지고 있다는 것입니다. 즉 자성이 없다는 것 입니다. 그래서 색은 공하다는 것입니다. 부처님, 즉 『반야심경』에서 '색은 공과 다르지 않다(색불이공)'라는 의미가 바로 여기에 있습니다. 다른 말로 하 면 눈에 보이는 현상(색)에는 실체가 없다(자성공)는 것입니다.

이 경문(색불이공)은 중국 천태종의 개창자인 천태 대사 지의(智顗) 스님이 말 한 '공가중(空假中)의 3제(三諦)'에서 공제(空諦)에 해당합니다. 우리는 색(물질적 존재)을 현상으로 파악하지만, 현상은 무수한 원인과 조건에 의하여 끊임없이 변화하고 있기 때문에 변화하지 않는 실체는 없다는 의미입니다.

색불이공을 우리의 세상살이에 비유해 봅시다. 서로 죽도록 사랑하는 사 람이 있다고 합시다. 그러나 그 사람이 언제까지나 자신의 곁에 있으리라는 보장은 없습니다. 비록 서로 사랑한다고 하더라도 원인과 조건이 변하면 상 대 혹은 나 자신이 떠날 수 있고, 또한 사랑이 미움으로 변할 수도 있습니다. 이처럼 세상에 존재하는 모든 것은 시시각각 변하고 있습니다. 이것을 『반 야심경』에서는 '색불이공'이라고 표현한 것입니다.

『반야심경』의 공은 두 가지 의미가 있다

『반야심경』에서는 4번 공이라는 말이 등장합니다. 『반야심경』에서 공은 '조 견오온개공'에서 처음 등장합니다. 다음으로 등장하는 곳은 '색불이공 공불 이색 색즉시공 공즉시색'입니다.

그 다음은 '시제법공상 불생불멸 불구부정 부증불감'에서 등장합니다.

그리고 마지막으로 '시공중무색 무수상행식'에 등장합니다.

이처럼 『반야심경』에는 '공'이라는 말이 반복해서 등장합니다. 이 공의 의미는 두 가지로 나눌 수 있습니다.

먼저 공이란 '무(無)·비존재'의 의미입니다. 또 하나는 '공성(空性, 슌냐따)'의 의미입니다. 공성은 『반야심경』의 한역에는 등장하지 않지만, '반야의 지혜에 의해 비춰진 세계[경지]'를 말합니다. 그래서 필자는 깨달은 자의 입장[눈] 또는 부처님의 입장[눈]이라고 표현합니다. 그렇다면 4번 등장하는 공은 어떤 의미로 파악해야 할까!

첫째, '조견오온개공'에서의 공은 '무(無)·비존재'라는 의미로 파악해야 합니다.

둘째, '시제법공상 불생불멸 불구부정 부증불감'에서의 공과 '시공중무색 무수상행식'에서의 공은 반야의 지혜에 의해 비춰진 세계, 즉 공성의 의미로 파악해야 합니다. 그러면 '색불이공 공불이색 색즉시공 공즉시색'에서의 공은 어떤 의미일까요? 이 공도 공성의 의미로 파악해야 하지만, 엄밀하게 말하면 앞에서 말한 '무(無)·비존재'라는 의미를 포함한 공성으로 이해해야 할 것입니다. 그러므로 『반야심경』의 핵심 가르침은 '색불이공 공불이색 색즉시공 공즉시색'이라고 할 수 있는 것입니다.

공은 색과 다르지 않다

'공불이색'은 이 세상에 존재하는 모든 것은 실체가 없는 것이지만, 우리가 살아있는 한, 눈에 보이는 현상[색]을 통해서만 그 실체가 없다[공한 존재]는 것을 알 수밖에 없기 때문에 일단 현상은 불변하는 것이라고 가정(假定)하여 생각하는 겁니다. 이것을 『반야심경』에서는 '공불이색'이라고 표현합니다.

색은 공과 다르지 않다
색[물질, 육체]은 '변화하고 파괴된다'는 변괴(變壞), '괴롭고 파괴된다'
는 뇌괴(惱壞), '고유한 공간을 점유한다'는 질애(質礙)의 성질을 가진 것임.
이런 존재인 색[물질]은 공과 다르지 않다[색불이공]고 함.

『반야심경』의 공은 두 가지 의미가 있다.
첫째, '무(無)', '비존재'라는 의미
둘째, '공성(空性, 순야타)'의 의미. 공성이라는 말은 『반야심경』의 한역에는
등장하지 않지만, '반야의 지혜에 의해 비춰진 세계'를 공성이라고 함.

공은 색과 다르지 않다
모든 것[색]은 실체가 없는 공한 존재.
하지만 현상[색]은 불변하는 것이라고 가정(假定)하여 생각할 수밖에 없음.
이것을 『반야심경』에서는 '공불이색'이라고 표현함.

제법실상 진공묘유

'색불이공 공불이색'을 다른 말로 하면 '제법실상 진공묘유'가 됩니다. 진리의 본체(제법의 실상)는 공이지만, 그 작용은 오묘한 현상(색)으로 존재한다는 것입니다. 다시 말해 공에도 유에도 기대지 않는다는 것입니다. 앞서 말했듯이 존재하는 모든 것은 갖가지의 조건(인연)에 의지하기 때문에 자성이 없습니다.(공한 존재) 동시에 그것은 임시적인 존재(유)로서 현실세계에서는 그 존재를 인정할 수밖에 없습니다. 이것을 『반야심경』에서는 '색불이공 공불이색'이라고 하고, 현수 대사 법장 스님은 '제법실상 진공묘유'라고 한 것입니다.

다르지 않다(不異)

계속해서 '불이'를 설명하겠습니다. '색불이공 공불이색'에서 '불이'는 색과 공이 '다르지 않다'라는 의미입니다. 다시 말해 같다고도 말할 수 없고, 그렇다고 다르다고도 말할 수 없다는 것입니다. 예를 들어 물은 영하로 내려가면 얼음이 됩니다. 물은 액체, 얼음은 고체이기 때문에 다릅니다. 하지만 얼음이 녹으면 다시 물이 됩니다. 그러면 물과 얼음은 같을까요, 다를까요? 물과 얼음은 같지도 않고 다르지도 않습니다. 이런 관계를 불교에서는 '불이'라고 합니다. 이것은 우리가 살아가고 있는 현상세계에서의 관점입니다.

불일불이는 비유비무이다

『반야심경』에서는 '불이(不異)'라고만 했지만, 사실 '불일불이(不一不異)', 즉 '같지도 않고 다르지도 않다'는 것이 더 정확한 표현입니다. 즉 불이(不異)는 불일(不一)에 기초한 불이(不異)라는 것입니다.

'색불이공 공불이색'에서 색은 세속, 공은 승의에 속하지만, 색과 공은 진(眞)과 속(俗)·승의(勝義)와 세속(世俗)·진여(眞如)와 일체법〔존재하는 모든 것〕 등의 다양한 표현이 있습니다. 그런데 만약 이것들을 서로 대립하는 개념으로 보고 '둘은 같은가, 다른가?'라고 질문한다면 그 대답은 '불일불이'입니다.

이것에 대해 좀 더 구체적으로 살펴보겠습니다. 내가 미혹에서 깨달음에로, 즉 질적으로 변할 수 있는 것은 미혹〔俗〕과 깨달음〔眞〕이 불일불이이기 때문입니다. 이것의 논리는 다음과 같습니다.

만약 미혹과 깨달음이 같다면 미혹한 범부는 수행할 필요가 없습니다. 그러나 현실은 수행이 필요하기 때문에 양자는 불일(不一)입니다. 그런데 만약 미혹과 깨달음이 다르다고 한다면 범부는 결코 성자가 될 수 없습니다. 그러나 현실에서 노력하면 깨달은 자〔성자〕가 될 수 있기 때문에 양자는 불이(不異)입니다.

우리는 미혹에서 깨달음에 이를 가능성을 가지고 있습니다. 즉 질적으로 변화할 수 있습니다. 그러면 왜 변할 수 있을까요? 존재하는 모든 것은 연기적 존재이고, 공이고, 임시적 존재이며, 자성이 없기 때문입니다.

예를 들어보겠습니다. 우유가 변하면 요구르트가 됩니다. 이런 자연현상은 우유가 '비유비무'이기 때문에 일어날 수 있습니다. 만약 우유가 실체로서 있다고 한다면 그것은 언제까지나 우유이지 요구르트가 될 수는 없습니다. 그러나 실제로 우유는 요구르트로 변합니다. 그래서 우유는 '비유(非有)'인 것입니다.

또한 만약 우유가 없으면, 없는 것이 다른 것으로 변할 수는 없습니다. 그러나 실제로 우유는 요구르트로 변합니다. 그래서 우유는 '비무(非無)'인 것입니다. 이처럼 우유가 공이고, 임시적 존재이고, 연기적 존재이기 때문에 요구르트로 변할 수 있는 것입니다.

다시 미혹과 깨달음의 불일불이로 돌아가 봅시다. 미혹에서 벗어나 깨달음에 이르는 것이 불교의 목적인데, 만약 양자가 동일하다면 수행할 필요가 없게 됩니다. '나는 깨달았어'라는 생각에 빠져 수행할 마음도 일어나지 않습니다.

반면 불일(不一), 즉 동일하지 않다고 하면, 비로소 '나도 노력해야겠다'라는 생각이 일어납니다. 즉 다르다고 하는 생각으로 인해 미혹에서 깨달음에 이르고자 하는 열정이 일어나는 것입니다. 다시 말해 수행하게 된다는 것입니다.

만약 다르다고 한다면 아무리 노력해도 깨달을 수 없습니다. 여기서는 수행하고자 하는 열정이 솟아나지 않습니다. 반면 불이, 즉 다르지 않다고 한다면 미혹한 나도 언젠가는 깨달을 수 있으므로 노력해보자는 생각이 생길 수 있는 것입니다.

제법실상 진공묘유
'색불이공 공불이색'을 '제법실상 진공묘유'라고 함.
진리의 본체는 공이지만, 그 작용은 오묘한 현상[색]으로 존재한다는 뜻임.

다르지 않다[불이]
'불이'란 '다르지 않다'라는 의미
즉 같다고 말할 수 없고, 그렇다고 다르다고 말할 수도 없다는 뜻임.

불일불이는 비유비무이다
대립하는 두 개념[색과 공]은 '불일불이(不一不異)'임.
또한 모든 존재는 연기적 존재, 공한 존재이기 때문에 '비유비무'임.

깨달은 눈으로 보면 색이 공이고, 공이 색이다

색즉시공 공즉시색(C:色卽是空 空卽是色, SKT:yad rūpaṃ sā śūnyatā, yā śūnyatā tad rūpam, E: whatever is form, that is emptiness, whatever is emptiness, that is form)

'색즉시공 공즉시색'이란 '부처님의 입장에서' '깨달은 자의 입장에서' 또는 '공의 입장에서', '공성의 입장에서' 또 다른 말로 '반야바라밀다의 지혜를 체득한 자의 입장에서 보면' 눈에 보이는 현상〔색〕그 자체에는 실체가 없고〔색즉시공〕, 실체가 없는 것〔공〕이 바로 눈에 보이는 현상〔공즉시색〕그 자체라는 의미입니다. 따라서 둘〔공과 색〕은 다른 것이 아닙니다. 천태 대사 지의 스님이 설명한 3제의 '중제(中諦)'에 해당합니다.

다시 말해 5온〔색·수·상·행·식〕과 일체법〔유위법, 무위법〕에 독립된 실체나 보편적인 본질이 없다는 것〔색즉시공〕입니다. 이것을 용수보살은 절대적 진리인 승의제라고 하였습니다.

그러나 일상적인 차원에서는 실체나 본질이 없는 모든 존재가 인과관계로서 서로 의존하여 나타납니다〔공즉시색〕. 이것을 용수보살은 상대적 진리인 세속제라고 하였습니다.

반야바라밀의 지혜를 체득한 자의 입장에서 보면, 눈에 보이는 현상[색] 그 자체에는 실체가 없고[색즉시공], 실체가 없는 것[공]이 바로 눈에 보이는 현상[공즉시색] 그 자체라는 의미

즉 공과 색은 다른 것이 아니다.

5온과 일체법이 실체나 본질이 없다는 것[색즉시공]은 절대적 진리인 승의제. 반면 일상적인 차원에서는 실체나 본질이 없는 모든 존재가 인과관계로서 서로 의존하여 나타나는데[공즉시색], 이것을 세속적인 진리인 세속제라고 함.

색즉시공   공즉시색

즉시란

이어서 '즉시(即是)'에 대해 설명하겠습니다. 즉시는 '같다·동일하다'는 의미입니다. 다시 말해 깨달은 자의 입장에서 보면 공과 색은 같다(즉시)는 것입니다.

선종에서는 '생사즉열반', '중생즉부처'라는 말을 자주 씁니다. 독자 여러분 중에는 왜 괴로움으로 가득한 생사의 세계가 깨달음의 세계인 열반이며, 중생이 어떻게 부처가 될 수 있는가에 대한 의문을 가진 분도 있을 것입니다.

여기서 '생사즉열반' 또는 '중생즉부처'라는 것은 깨달음의 세계에서 보면 그렇다는 것입니다. 다시 말해 부처님의 세계에서 보면 '생사즉열반', '중생즉부처'라는 것입니다. 결국 '색즉시공 공즉시색'은 공의 입장에서 보면 그렇다는 것입니다.

사족이지만, 위의 경문은 범본과 한역 사이에 다소 차이점이 있습니다. 현장 스님은 '색불이공 공불이색' 및 '색즉시공 공즉시공'의 2단계로 나누어 설명하지만, 범본에서는 'rūpaṃ śūnyatā, śūnyatāiva rūpaṃ. rūpān na pṛthak śūnyatā, śūnyatāyā na pṛthag rūpaṃ. yad rūpaṃ sā śūnyatā, yā śūnyatā tad rūpam.'라고 하여 3단계로 나누고 있습니다. 뮐러 박사도 'form here is emptiness and emptiness indeed is form, emptiness is not different from form, form is not different from emptiness, what is that is emptiness, what is emptiness that is form'라고 하여 3단계로 영역하고 있습니다.

즉시(卽是)는 '같다·동일하다'는 의미로, 공의 입장에서 보면 공과 색은 같다[즉시]는 것임.

즉 깨달은 자의 입장에서 보면 '생사즉열반', '중생 즉 부처'이다.

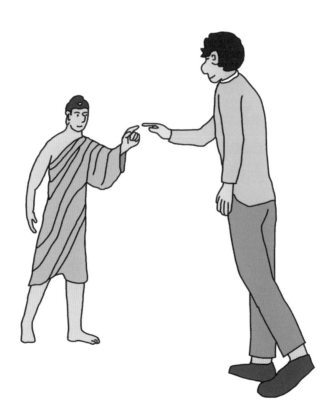

정신작용도 공하다

수상행식역부여시(C:受想行識亦復如是, SKT: evam eva vedanā-saṃjñā- saṃskāra-vijñānāni, E:the same is true of feelings, perceptions, impulses and conciousness)

먼저 범문부터 설명하겠습니다. 상기 범문의 '에왐(evam)'은 '이와 같다'는 의미이고, '에와(eva)'는 강조를 나타내는 부사입니다. 그리고 4개의 단어, 즉 웨다나(vedanā, 受)-상즈냐(saṃjñā, 想)-상스까라(saṃskāra, 行)-위즈냐나니(vijñānāni, 識)는 병렬적으로 등장했기 때문에 병렬복합어라고 합니다. 마지막의 '위즈냐나니(vijñānāni)'는 중성명사 '위즈냐나(vijñāna)'의 복수, 주격입니다. 그래서 '위즈냐나니(vijñānāni)'는 복수의 형태를 취했습니다. 이것을 우리말로 번역하면 '실로 감수 작용, 개념 작용, 의지 작용, 인식 작용도 이와 같다'라는 뜻이 됩니다.

한역에서 4가지의 정신작용인 '수·상·행·식도 또한 이와 같다'라는 구절은 생략된 형태입니다. 『반야심경』은 한자로 불과 260자로 이루어진 아주 짧은 경전입니다. 따라서 생략 가능한 부분은 최대한 생략하고 있습니다.

이 구절을 생략하지 않고 그대로 옮긴다면 '색불이공 공불이색 색즉시공 공즉시색. 수불이공 공불이수 수즉시공 공즉시수. 상불이공 공불이상 상즉시공 공즉시상. 행불이공 공불이행 행즉시공 공즉시행. 식불이공 공불이식 식즉시공 공즉시식'이 됩니다.

'감수 작용, 개념 작용, 의지 작용, 인식 작용도 이와 같다'라는 뜻임.

『반야심경』은 한자 260자로 이루어진 짧은 경전이므로 가능한 한 생략함.
이 구절을 생략하지 않고 그대로 옮긴다면 '색불이공 공불이색 색즉시공 공즉시색.
수불이공 공불이수 수즉시공 공즉시수. 상불이공 공불이상 상즉시공 공즉시상.
행불이공 공불이행 행즉시공 공즉시행. 식불이공 공불이식 식즉시공 공즉시식'이다.

깨달은 눈으로 보면 존재하는 모든 것은
불생불멸, 불구부정, 부증불감이다

사리자. 시제법공상. 불생불멸. 불구부정. 부증불감.

舍利子. 是諸法空相. 不生不滅. 不垢不淨. 不增不減.

사리자여! 제법은 공을 특질로 하기 때문에 생기하지도 소멸하지도, 더러움
도 깨끗함도, 증가하지도 줄어들지도 않는다.

사리자. 시제법공상. 불생불멸. 불구부정. 부증불감

舍利子. 是諸法空相. 不生不滅. 不垢不淨. 不增不減.

사리자여! 제법은 공을 특질로 하기 때문에 생기하지도 소멸하지도, 더러움도 깨끗함도, 증가하지도 줄어들지도 않는다.

존재하는 모든 것은 공한 특질을 가졌다

사리자여! 시제법공상(C:舍利子 是諸法空相, SKT:iha Śāriputra sarva-dharmāḥ śūnyatā-lakṣaṇā, E:here, O sariputra, all dharmas are marked with emptiness)

부처님이 또다시 사리자를 부릅니다. 앞의 경문에서 부처님은 사리자에게 나를 구성하는 색과 수·상·행·식이 공이라고 하였습니다. 이번 경문에서는 5온뿐만 아니라 제법[유위법, 무위법]이 공이라고 합니다. 앞의 경문에서는 유위법인 5온을 공이라고 설파했지만, 여기서는 무위법도 공이라고 규정합니다.

  그리고 공을 특질로 하는 것[제법공상]은 불생불멸·불구부정·부증불감이라고 합니다.

  한역에서는 '시제법공상'이라고 했지만, 범문에서는 '존재하는 모든 것은 공을 특질로 가진 것'이라는 의미입니다. 유식의 용어로 설명하자면, 존재하는 모든 것, 즉 5위백법은 공을 특질로 한다는 것입니다.

5온뿐만 아니라 제법은 공하다.
제법은 유위법과 무위법을 말함.
그리고 공을 특질로 하는 것[제법공상]은 불생불멸·불구부정·부증불감이라고 함.

존재하는 모든
것은 공을 특질로
지녔다.

제법이란

한역의 '제법'에서 제(諸)에 해당하는 범어는 사르와(sarva)로 '일체'라는 의미이기 때문에, 제법이란 일체법(一切法), 즉 일체의 존재를 말합니다. 불교에서는 일체법을 '유위법(有爲法)'과 '무위법(無爲法)'으로 분류합니다.

유위법의 범어는 상스끄리따 다르마(saṃskṛta-dharma)로 '만들어진 것', 반면 무위법의 범어는 아상스끄리따-다르마(asaṃskṛta-dharma)로 '인과 연에 의해 만들어지지 않은 것'이라는 의미입니다. 구체적으로는 허공·진여·열반 등을 말합니다. 한역에서는 유위란 '위작(爲作)', 즉 '조작이 있는 것'이라고 정의합니다. 오늘날의 말로 하면 유위란 현상(現象)에 해당합니다. 현상을 영어로 '페노메논(phenomenon)'이라고 하는데, '나타난 것'이라는 의미입니다. 유위의 범어는 '만들어진 것'이라는 의미로서 양자의 파악 방식이 다릅니다. 불교에서는 현상세계를 '만들어진 것'이라고 파악합니다.

그러면 그렇게 만드는 원인은 무엇일까요? 그것은 바로 인(因)과 연(緣)입니다. 인과 연을 정리하면 '4연'이 됩니다. 4연이란 인연·등무간연·소연연·증상연의 4가지를 말합니다. 4연은 다음과 같습니다.

첫째는 인연(因緣, hetu-pratyaya)입니다. 먼저 이것은 인과 연으로 구분합니다. 인은 근본 원인, 연은 보조 원인이다. 또 다른 하나는 결과를 직접 생기게 하는 원인을 말하는데, 4연 중의 하나로 앞의 의미와 구별하기 위해 정인연(正因緣)이라고 한다.

반면 유식에서는 제8 아뢰야식 속의 종자를 인연이라고 합니다.

둘째는 등무간연(等無間緣, samanantara-pratyaya)입니다. 이것은 동일하게[等] 간극[隙] 없이[無間] 서로서로 일어나는 원인을 말합니다. 예를 들어 직전에 일어난 마음작용이 소멸함과 동시에 뒤에서 일어나는 마음작용이 간극 없이 일어나는 것입니다.

셋째는 소연연(所緣緣, ālambana-pratyaya)입니다. 이것은 마음이나 마음작용의 인식대상[所緣]의 원인[緣]을 말합니다. 예를 들어 미술관에서 이중섭의 '황소'라는 그림을 보고 고향을 생각했다고 합시다. 여기서 고향을 생각한 마음작용의 원인, 즉 대상[황소]이 소연연입니다.

넷째는 증상연(增上緣, adhipati-pratyaya)입니다. 이것은 앞의 3가지 연을 제외한 모든 원인을 증상연이라고 합니다. 그래서 모든 존재는 자신을 제외한 다른 존재의 증상연이 될 수 있습니다. 예를 들어 여러분이 오늘 아침에 밥을 먹었다고 합시다. 밥의 원인은 볍씨입니다. 그 이외의 모든 원인인 대지·물·햇빛·농부 등이 증상연입니다.

또는 증상연은 어떤 사물이 생기는 것을 최소한 방해하지 않는 원인을 말하기도 합니다. 예를 들어 길가의 들국화가 피어있다고 합시다. 여기저기 뒹굴고 있는 바위나 돌은 들국화가 피는데 최소한 방해하지 않았다는 의미입니다. 이런 원인을 증상연이라고 합니다. 그래서 증상연을 '불장애법(不障碍法)'이라고도 합니다.

이것을 인과 연으로 배분하면 인연은 인(因)이고, 등무간연·소연연·증상연은 연(緣)에 해당합니다. 다시 말해 보조 원인인 연의 도움을 받아 근본 원인인 인으로부터 모든 것이 생긴다는 것입니다.

유식에서는 근본 원인, 즉 인은 제8 아뢰야식 속의 종자(種子)라고 합니다. 다시 말해 모든 현상[존재]은 근원적인 마음인 제8 아뢰야식에서 나온다는 것입니다. 이것을 간단하게 '유식무경(唯識無境)'이라고 합니다.

이처럼 일체법은 크게 유위와 무위로 분류되지만, 부파불교는 여기에 보다 상세한 분석을 추가하고[5위 75법], 유식학파도 존재 전체를 '심법·심소법·색법·심불상응행법·무위법'의 다섯 그룹으로 나누어 총 100종류의 존재의 구성요소[법]를 세웠습니다. 이것을 '오위백법(五位百法)'이라고 합니다. 그중에 심법[심왕]은 안식·이식·비식·설식·신식(전5식), 제6 의식, 제7 말나식, 제8 아뢰야식의 8종류입니다.

심소란 심소유법(心所有法)의 준말로 마음에 소유된 것이라는 뜻으로, 세심한 마음의 움직임, 또는 마음작용이라고 할 수 있습니다. 필자는 심소를 마음작용이라고 번역합니다. 이것은 51종류가 있습니다.

예를 들어 여러분이 필자를 본다고 할 때 그 순간 전체적으로 파악합니다. 본 순간에는 아직 그 무엇[누구]도 아닙니다. 이것은 시각, 즉 안식의 마음작용입니다. 그리고 마음[심왕]에 심소가 함께 작용하여 '저 사람은 김명우이다'라고 언어로 파악합니다. 그리고 싫다 또는 좋다는 생각이 더해져 인식하게 됩니다. 이것을 유식에서는 '심[심왕]은 소연[김명우]의 총상(總相)을, 심소는 총상에 더해진 별상[좋다·싫다·밉다]을 조건으로 한다'고 합니다. 다시 말해 마음은 주체적으로 움직이고, 마음작용[심소]은 마음에 부수하여 일어난다는 것입니다.

심왕이나 심소에 대해 자세하게 알고 싶은 독자께서는 필자의 졸저인 『마음공부 첫걸음』, 『유식삼십송과 유식불교』, 『감산의 백법논의·팔식규구통설 연구와 유식불교』 등을 참조하기 바랍니다.

'제법'이란 일체법(一切法)으로, '유위법(有爲法)'과 '무위법(無爲法)'으로 분류함.

유위법이란 '인과 연에 의해 만들어진 것'이며, 무위법이란 '인과 연에 의해 만들어지지 않은 것'이라는 의미

인(因)과 연(緣)은 4연이 있는데, 그것은 인연·등무간연·소연연·증상연이다.

이 중에 인연은 인(因)이고, 등무간연·소연연·증상연은 연(緣)에 해당함.

유식에서는 인[근본 원인]은 제8 아뢰야식 속의 종자라고 함. 즉 모든 현상[존재]은 근원적인 마음인 제8 아뢰야식에서 나온 것[유식무경(唯識無境)]임.

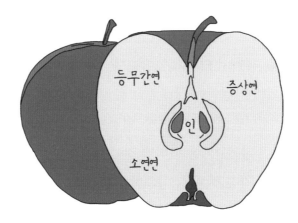

법이란

제법의 법은 범어로 '다르마(dharma)'라고 하는데, 다르마는 동사 √dhṛ로부터 파생된 것으로 '보존하다·유지하다'의 의미입니다.

불교에서 사용하는 일반적인 법의 의미는 ① 존재 ② 행위의 규범, 교설 ③ 성질, 속성의 세 가지입니다. 국어사전에는 보통 ① 법칙, 정의, 규범 ② 붓다의 교설 ③ 덕(德), 성 ④ 인(因) ⑤ 사물의 다섯 종류를 듭니다. 그리고 법에 대해 5세기경의 대주석가 붓다고사(Buddhaghosa, 불음)는 『청정도론(淸淨道論)』에서 초기경전에 나타난 여러 가지의 법을 ① 성전 ② 인(因) ③ 덕(德) ④ 비정물(非情物) ⑤ 교설(教說)의 다섯 가지로 분류합니다. 이것에 의하면 국어사전에서 정의한 법의 의미와 붓다고사의 법에 대한 정의가 거의 일치한다는 것을 알 수 있습니다. 붓다고사가 말한 법의 정의를 간단하게 요약하면, '진리'·'교법'·'덕'·'존재'라는 4가지 의미가 있습니다.

먼저 첫 번째 의미인 진리에 대해 살펴보겠습니다. 법은 인(因)입니다. 인이란 현상세계의 생멸변화의 원인이며, 인과관계의 인(因)을 의미합니다. 즉 모든 현상에서 바른 인과관계를 나타낸 것이 법입니다. 이 경우의 법은 인과가 정합한 합리성을 가진 것으로, 이른바 진리를 의미합니다.

이것을 불교 방식으로 설명하자면, 괴로움을 초월하여 저쪽에 있는 근원적인 진리를 깨닫고자 발심하여 노력하고, 그리고 그것을 획득한 분을 부처라고 합니다. 이렇게 보면 부처님은 진리 그 자체라고 할 수 있습니다. 진리를 불교 용어로 말하면 무아·공·진여·법계·법성이라고 할 수 있습니다. 이 중에 무아는 부처님이 직접 설한 가르침입니다. 진여는 대승불교[유식]에서 자주 사용하는 진리의 다른 말입니다. 법계는 여러 의미가 있지만, 이른 바 진리의 세계라고 할 수 있습니다. 법성이란 법, 즉 존재하는 것의 본성을 말합니다. 이처럼 무아를 제외한 나머지 4개는 대승불교에서 '진리'의 다른 말로 사용합니다.

불교의 최종 목표는 바로 이러한 '진리'에 이르는 것인데, 이러한 목표에 이르기 위한 좌표가 부처님에 의해 설해진 가르침인 '교법[교설]'입니다. 그래서 법은 일차적으로 '교법'의 의미를 지니는 것입니다. 즉 법은 교설[교법]입니다. 교설은 부처님이 일생을 바쳐 사람들을 위해 설한 가르침입니다. 부처님께서 설한 가르침은 '법(Dharma)'과 '율(Vinaya)'의 두 종류로, 그중에 법이 교법에 해당됩니다. 나중에 법은 '경장(經藏)', 율은 '율장(律藏)'으로 발전합니다.

법은 덕(德)입니다. 덕이란 윤리나 도덕으로, 사회의 인륜에 부합하는 정의나 선을 말합니다. 종교가 단지 자신의 마음을 만족시키는 주관적[개인적]인 것이라고 한다면 신행이나 윤리는 반드시 필요한 것이 아닙니다. 그러나 신행심을 가진 사람도 개인적인 생활만 하는 것이 아닙니다. 개인은 주변의 사회 환경과 함께 공동생활을 영위하기 때문에 사회 환경과 협력하고 조화하지 않으면 진정한 행복은 얻을 수 없는 존재입니다. 따라서 개인이 공동생활을 하기 위해서는 합리성도 필요하지만, 인류의 도(道)로서 윤리도덕성은 필수불가결한 것입니다.

그러나 앞의 경문 중의 '제법공상'에서의 법은 존재하는 모든 것, 즉 우리가 지각이나 감각에 의해 경험하고, 인식할 수 있는 현상적 존재를 말합니다. 이것은 3법인의 하나인 제법무아(諸法無我), 즉 '존재하는 모든 것은 자기의 본질을 가지고 있지 않다'에서의 법과 같은 의미입니다. 그리고 앞에서 말한 '시제법공상'에서의 법도 '존재'라는 뜻입니다.

이처럼 법은 다양한 의미를 지닌 개념입니다. 그러므로 우선 불교의 중요한 개념인 법의 의미를 정확하게 이해하는 것부터 시작하는 것이 부처님의 가르침에 다가가는 지름길이 아닐까 생각합니다.

한편 유식에서는 법을 '궤지(軌持)'라고 정의하는데, 여기서 궤(軌)는 사물에 대한 이해를 생기게 하는 것(軌可生物解)이고, 지(持)는 주지(住持), 즉 독자적인 본질이나 성질을 보존하는 것으로서 자상을 버리지 않는 것(不捨自相)입니다. 여기서 자상이란 범어 '스와 락샤나(sva-lakṣaṇa)'의 번역인데, '자신(사물)이 가진 고유한 특징'이라는 뜻입니다.

법상종(중국에서 성립한 유식종파)에서는 전통적으로 법에 대해 '임지자성(任持自性)'·'궤생물해(軌生物解)'라고 정의합니다. 앞에서 설명했지만, 임지자성이란 독자적인 본성(임지)을 가지고 존재한다(자성)는 의미이며, 궤생물해란 독자적인 본성을 가지고 변화하지 않음으로써 사물의 이해 기준이 된다는 의미입니다.

모든 존재(사물)는 각각 독자적인 성질을 가지고 있습니다. 책이란 책의 성질을 가지고 존재하고 있기 때문에 노트와 혼동하는 일이 없습니다. 이것이 임지자성의 측면입니다.

그리고 우리는 무의식중에 책이라는 것은 책의 속성이라는 기준에 비추어 판단을 내리고, 노트는 노트의 속성이라는 기준에 비추어 판단합니다. 이와 같이 사물의 이해 기준이 되는 측면이 궤생물해입니다. 그렇다고 임지자성과 궤생물해가 별도로 존재하는 것은 아닙니다.

법이란 '다르마(dharma)'의 번역
법의 4가지 의미
첫째는 법은 진리이다.
둘째는 법은 교설이다.
셋째, 법은 도덕이나 윤리이다.
넷째, 법은 비정물[존재]이다.

'제법공상'에서의 법과 3법인의 하나인 제법무아(諸法無我)에서의 법은 '존재'의 의미.

법(다르마)이란 진리이며 교설이고 도덕이며 존재다.

법이란 본보기이다

법이란 인간 존재를 보호하고 유지하며 인간을 인간이게끔 하는 것을 말합니다. 그리고 종교인이 법을 설할 때는 설법의 의미가 됩니다. 이러한 가르침에 따라 생활방식이 사회적으로 정착되면 도덕, 사회적 관행으로 고정되면 관습이 됩니다. 불교 용어로 말하면 도덕은 '계(戒)'이고, 법은 '율(律)'이라고 할 수 있습니다. 법(法)의 한자 의미[본보기]를 잘 설명한 문장이 있어 인용해 봅니다.

"법(法)은 삼수변(氵)에 거(去)가 붙은 자이다. 그런데 원래의 형태는 '거(去)' 자 위에 해태를 뜻하는 '치(廌)'가 있었다고 한다. 해태는 옳고 그름을 가려내는 신령스러운 존재로, 죄지은 자를 그 앞에 세우면 단번에 머리를 돌려 버렸다고 한다. 그렇다면 거(去) 자에는 선악 판별의 뜻이 들어 있음을 알 수 있다. 그리고 물 수(水)는 공평무사를 뜻한다. 따라서 법은 선악을 공평하게 가려내어 바른쪽으로 행위를 이끄는 '본보기'를 뜻한다. 법고창신(法古創新, 옛것을 본받아 새로운 것을 만들어낸다)이라는 말속에 원래의 용례가 살아있음을 볼 수 있다. 이렇게 보면 법이란 강제하기 위한 것보다는 인간 행위의 준칙을 일깨워 주는 쪽으로 그 역할을 채워 나가는 것이 법의 본뜻에 어울리는 일인 것 같다."(이종철, 2008)

162

종교인에게 법은 가르침·설법·교법

생활방식으로는 습관이나 관습

사회적 규범[자율성]으로는 윤리나 도덕

강제적 규범으로는 법률이나 의무

법(法)의 한자는 강제성이라기보다 본래는 '본보기'라는 의미

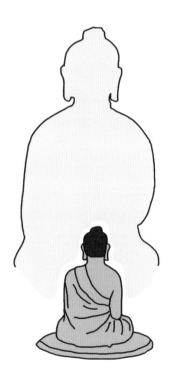

공의 눈으로 보면 제법은 불생불멸이다

불생불멸(C:不生不滅, SKT:an-utpannā a-niruddhā, E:not produced or stopped)

경문에서 '제법은 공을 특질로 하기 때문에 생기하지도 멸하지도 않는다' 라고 합니다. 존재하는 모든 것은 인연에 의해 생기하지만, 실체로서 존재하거나 생기하는 것이 아닙니다. 즉 제법은 공입니다. 그러므로 깨달은 자의 입장에서 보면 제법은 처음부터 생기하지도 소멸하지도 않는다는 것입니다.

좀 더 구체적으로 살펴보도록 하겠습니다. 먼저 '불생'이란, 제법[존재하는 모든 것]은 실체가 없기 때문에 본래부터 실체를 가지고 생기하지 않는다는 것입니다. 즉 사물은 인연에 의해 존재하고 생기하지만 실체로서 존재하거나 생기하는 것이 아니라는 것입니다. 그런데 『반야심경』에서는 자성[실체]의 생기를 부정한 것이지, 인연에 의한 생기를 부정한 것이 아니기 때문에 인연에 의해 생기하는 것과 실체를 가지고 생기하는 것은 구별할 필요가 있다고 말하고 있습니다.

그리고 '불멸'이란 제법은 실체를 가지고 생기하는 것이 아니기 때문에 실체를 가지고 멸하는 것도 없다는 것입니다. 즉 사물은 인연에 의해 멸하지만, 실체로서 멸하는 것이 아니라는 것입니다. 만약 사물이 인연에 의해 소멸한다는 것마저도 부정해 버리면 사물은 영원히 소멸하지 않는 것이 됩니다. 이처럼 실체가 없다는 것[공]은 상관적(相關的), 상의성(相依性)인 연기 속에 있다는 것입니다.

'불생'이란 깨달은 자의 입장에서 보면, 제법은 실체가 없기 때문에 본래부터 실체를 가지고 생기하지 않는다는 것.

'불멸'이란 깨달은 자의 입장에서 보면, 제법은 실체를 가지고 생기하는 것이 아니기 때문에 실체를 가지고 멸하는 것도 없다는 것.

즉 실체가 없다는 것[공]은 상관적(相關的)·상의성(相依性)인 연기라는 것임.

실체가 없기에 실체를 갖고 생겨나지도, 사라지지도 않는다. 다만 끝없이 흐르고 순환한다고 생각하라!

공의 눈으로 보면 제법은 불구부정이다

불구부정(C:不垢不淨, SKT:a-malā a-vimalā, E:not difiled or inmaculate)

불구는 더럽지 않다는 뜻으로, 존재하는 모든 것은 공을 특질로 하기 때문에 본래 더러움이 성립할 수 없다는 것입니다. 그리고 부정이란 깨끗하지 않다는 것으로, 제법은 청정하다는 것이 성립하지 않는다는 것입니다. 우리는 미추호오(美醜好惡) 등을 구별하며 살아갑니다. 그러나 모든 사물은 연기적 존재, 즉 공을 특질을 하는 것은 본래부터 청정이니 부정이니 하는 구별이 없는 것입니다. 경전에 나오는 일화를 하나 소개하겠습니다.

"마가다국 왕비인 게야는 아름다운 미모를 지닌 여성이었다. 왕의 주선으로 마지못해 그녀는 부처님을 만나게 되었다. 그러나 솔직히 자존심이 허락하지 않았다. 이 사실을 안 부처님은 마술을 사용하여 그녀보다 뛰어난 미모의 여인을 만들어 그녀에게 보였다. 그녀의 자존심은 여지없이 무너졌다. 그리고 부처님은 미모의 여인을 중년, 그리고 다시 노파로 변화시켰다. 그리고 마지막에는 죽어 가는 것을 보았다. 한순간에 자기의 현실을 본 게야는 그 자리에서 재가신자가 되었다."

이처럼 우리가 구별하는 미추호오라는 것은 연기적 속성을 지닌 것입니다. 그럼에도 이것에 집착하면서 욕망하기 때문에 우리의 삶이 괴로운 것입니다. 그러나 공의 입장에서 보면 '불구부정'입니다.

공의 입장에서는 존재하는 모든 것은 공을 특질로 하기 때문에 본래 청정이라고도 더럽다고도 말할 수 없다는 것

즉 일상적인 입장에서는 생사와 열반은 다르지만, 공의 입장에서는 생사즉열반 또는 번뇌즉보리라고 하는 것

초기불교의 수행법인 부정관

'부정'이라는 말이 나왔기에 보충 설명을 하고자 합니다. 초기불교의 수행법 중에 부정관(不淨觀)이 있습니다. 이 부정관은 시체가 썩어가는 모습을 관찰하고, 그 영상을 자신의 육체에 환원시켜 육체의 부정을 관찰하는 수행법입니다. 이 부정관은, 부처님이 탐욕이 강한 제자나 감각적 욕망이 강한 사람을 제어하기 위한 수단으로 권한 수행법입니다.

먼저 수행자가 무덤가에 가서 타인의 육체가 부패하여 백골로 변해가는 9가지 모습을 관찰합니다. 즉 죽은 시체, 죽은 시체를 짐승이 쪼아 먹는 모습, 해골에 살·피·힘줄이 뒤엉켜 있는 모습, 해골에 힘줄만 남아 있는 모습, 해골과 뼈가 흩어져 있는 모습, 해골이 하얗게 바랜 모습, 해골이 뼈 무더기로 변한 모습, 뼈가 삭아 티끌로 변한 모습입니다. 그리고 이 모습을 직접 자신의 눈으로 보고 수행처에 돌아와 그것을 기억하여 떠올리는 방법입니다.

이처럼 타인의 육체의 실상을 보고 이번에는 자신의 육체에 환원시켜 육체의 부정을 관찰합니다. 겉으로 보면 우리의 신체는 깨끗합니다. 그러나 그 안에는 똥과 오줌 등이나 갖가지의 장기가 쌓여 있는 더러운 존재입니다. 예쁘다고 생각한 것이 실제로는 부정합니다. 그래서 내적으로 자신의 몸을 구성하는 31가지 요소(똥·오줌)를 상기하면서 부정하다고 수행하는 것입니다. 그리고 이러한 수행을 통해서 최종적으로 탐욕이나 감각적 욕망인 식욕·성욕 등을 제어하는 것이 부정관 수행입니다.

부정관(不淨觀)이란 시체가 썩어가는 모습을 관찰하여, 그 영상[모습]을 자신의 육체에 환원시켜 육체의 부정을 관찰하는 방법으로 수행하는 것.
즉 내적으로 자기의 몸을 구성하는 31가지 요소[장기·똥·오줌 등]를 상기하면서 부정하다고 생각하며 수행하는 것임.
부정관은 탐욕이 강한 제자나 까마[감각적 욕망]가 강한 사람을 제어하기 위한 수단으로 권한 수행법

내 몸의 구성을 떠올리며 그것이 부정하다고 상기하는 수행이다.

공의 눈으로 보면 제법은 부증불감이다

부증불감(C:不增不減, SKT:nonā na paripūrṇāḥ, E:not deficient or complete)

또한 '공을 특질로 하는 제법은 부증불감'이라고 합니다. 여기서 증(增)은 '늘어난다'는 뜻이고, 감(減)은 '줄어든다'는 뜻입니다. 즉 공의 입장에서 보면 제법은 늘지도 줄어들지도 않는다(부증불감)는 것입니다.

'불감'이란 공의 입장에서 보면 감소나 쇠퇴가 성립하지 않는다는 것이며, 부증이란 공의 입장에서 보면 공덕이 늘어난다(증대)는 것도 성립하지 않는다는 것입니다. 이렇듯 공의 입장에서 보면 부증불감은 성립하지 않습니다. 그러나 세속의 입장에서는 번뇌의 억제와 소멸, 그리고 공덕을 증대시키기 위해 노력 정진하는 것이 중요합니다. 따라서 이 구절은 세속 차원의 소멸과 증대까지 부정하는 것은 아닙니다.

우리는 증가한다는 개념을 부정하면 줄어든다는 개념을 긍정합니다. 그러나 『반야심경』에서는 언어에 의해 분별하는 두 개념을 공의 입장에서 부정합니다. 이처럼 우리의 육안으로 보면 더러움·깨끗함, 증가·감소 등의 편견이 생기지만, 공의 입장에서 보면 불구이고, 부정이고, 부증이고, 불감입니다. 그리고 이러한 '불구부정, 부증불감'을 종합하면 곧 '불이(不二)'가 됩니다. 즉 '둘이 아닌' 세계는 반야의 지혜에 의해 비춰진 세계라는 것입니다.

공의 입장에서 보면, 제법은 증가하지도 줄어들지도 않는다[부증불감]는 것임.
그러나 세속의 입장에서는 번뇌의 억제와 소멸, 증대의 노력 정진마저 부정하는
것은 아님.

공의 입장에서 보면, 불생이고, 불멸이고, 불구이고, 부정이고, 부증이고, 불감이다.
그래서 '둘이 아닌' 세계는 반야의 지혜에 의해 비춰진 세계이다.

공의 입장에서 보면
모든 법은 증가하지도 소멸
하지도 않지만, 세속의 입장에
서 번뇌를 억제하고 소멸시키
는 노력을 부정하지는
않는다.

깨달은 눈으로 보면 5온, 12처, 18계는 공하다

시고공중 무색 무수상행식 무안이비설신의 무색성향미촉법 무안계 내지 무
의식계(是故空中. 無色. 無受想行識. 無眼耳鼻舌身意. 無色聲香味觸法. 無眼界 乃至 無意識界.)

그러므로 공에는 색·수·상·행·식[5온]도 없고, 안·이·비·설·신·의[6근]
도 없고, 색·성·향·미·촉·법[6경]도 없고, 안계도 없고 내지 의식계[6식]도
없다.

5온, 12처, 18계는 없다

위의 경문은 온(蘊)·처(處)·계(界)를 공이라고 부정한 것입니다. 온이란 앞에
서도 설명했듯이 범어 스깐다(skandha)의 번역으로 '모임' 또는 '덩어리'를 뜻
합니다. 구체적으로 5온은 물질적 존재인 색과 정신적 작용인 수·상·행·식
을 말하는데, 이것이 공이라는 것입니다.

처(處·āyatana)란 6근이 6경을 받아들여 의식을 만들고 발전시키는 '장소'라
는 뜻입니다. 계(界)란 범어 '다뚜(dhātu)'의 한역인데, '영역'이라는 뜻입니다.
이 '처'와 '계'도 공이라는 것입니다.

그러나 이것은 괴로움도 있고, 욕망도 있는 차별적인 세계의 입장은 아닙
니다. 반야의 지혜를 체득한 입장에서 보면 공하다는 것입니다. 『반야심경』
의 표현을 빌리면, '공중(空中)'에서 보면 5온은 공하다는 것입니다. 또한 공중
의 입장에서 보면 12처, 18계도 공합니다.

5온, 12처, 18계는 없다.

온(蘊)·처(處)·계(界)는 공이라고 부정

온이란 5온

처(處·āyatana)란 6근이 6경을 받아들여 의식을 만들고 발전시키는
'장소'를 나타냄.

계(界)란 범어 '다뚜(dhātu)'의 한역인데 '영역'을 말함.
즉 공중(空中)에서 보면 색·수·상·행·식의 5온, 6근과 6경의 12처, 6근·6경·6식의
18계도 공하다고 부정함.

깨달은 눈으로 보면 5온은 공하다

시고공중 무색 무수상행식(C:是故空中 無色 無受想行識, SKT: tasmāc Chāriputra śūnyatāyāṃ na rūpaṃ na vedanā na saṃjñā na saṃskāra na vijñānaṃ, E:therefore Śāriputra! in emptiness there is no form, nor feeling, nor perception, nor impulse, nor consciousness)

이 경문은 공의 입장에서 보면 색·수·상·행·식의 5온이 없다는 것입니다. 즉 공의 입장에서 보면 5온이 공한 존재라는 것입니다. 그러나 세속의 입장에서는 5온이 존재합니다. 물론 『반야심경』은 세속의 차원에서 5온의 존재를 논하지는 않습니다. 만약 세속의 차원에서도 5온이 존재하지 않는다고 한다면 허무주의에 빠지게 됩니다. 다시 말해 세속의 입장에서 보면 5온은 존재한다는 것입니다. 그러나 공의 입장에서 보면 5온은 공입니다.

『반야심경』은 이처럼 존재하는 모든 것은 인연에 따라 일시적으로 존재하는 것(공)이기 때문에 집착하지 말라는 강력한 메시지를 우리에게 보내고 있는 것입니다.

그래서 한역에서 '이런 까닭에 공중에는(공의 입장에서 보면) 색도 없고, 수·상·행·식도 없다'고 한 것입니다.

이상과 같이 『반야심경』은 5온을 공이라고 부정한 다음 안·이·비·설·신의 6근과 색·성·향·미·촉·법의 6경, 즉 12처를 부정합니다.

공의 입장에서 보면, 색·수·상·행·식의 5온은 없다.
반면 세속의 입장에서는 5온은 존재한다. 만약 세속의 차원에서도 5온이
존재하지 않는다고 한다면 허무주의에 빠지게 된다.

[공의 입장]　　　　　　　　[세속의 입장]

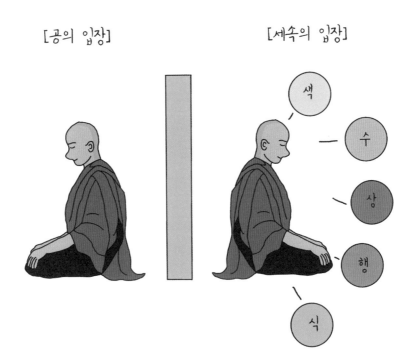

깨달은 눈으로 보면 12처는 공하다

무안이비설신의(C:無眼耳鼻舌身意, SKT:na cakṣuḥ-śrotra-ghrāṇa-jihvā-kāya-manāṃsi, E:no eye, ear, nose, tonge, body, mind)

무색성향미촉법(C:無色聲香味觸法, SKT:na rūpa-śabda-gandha-rasa-spraṣṭavya-dharmāḥ, E:no forms, sounds, smells, tastes, touchables, or objects of mind)

이 경문은 처(處), 구체적으로는 안·이·비·설·신의 6근과 색·성·향·미·촉·법의 6경, 즉 12처를 공의 입장에서 부정합니다.

　여기서 '처(處, āyatana)'는 접두사 'ā'에 동사√yat(나열하다, 배열하다)＋명사어미 'ana'로 구성된 단어로 '장소'나 '생장'을 뜻합니다. 그래서 한역에서는 '처(處)'로 번역하였습니다. 결국 처는 안근 등의 6근[6가지의 감각기관]이 성경 등의 6경[6가지의 인식 대상]을 받아들여 의식을 만들고 발전시키는 '장소'라는 상징적인 표현입니다.

6근

그러면 12처인 6근과 6경이 무엇인지 구체적으로 살펴보겠습니다. 먼저 6근입니다. 6근(六根, ṣaḍ-indriya)이란 6가지의 감각기관, 즉 안근·이근·비근·설근·신근·의근을 말합니다. 우리는 6가지의 감각기관을 통해 외계의 대상[境]을 인식합니다. 다시 말해 인간은 5근을 종합하는 기능을 가진 의근을 통해 즐거움·괴로움·선·악 등을 지각한다는 것입니다. 그렇지만 이 구절에서는 공의 입장에서 보면 우리가 보고(cakṣus), 듣고(śrotra), 냄새 맡고(ghrāṇa), 맛

보고(jihvā), 접촉하고(kāya), 의식함(manas)이 없다고 부정합니다.

여기서 감각기관을 한자로 '근(根)'이라고 한 이유를 설명하겠습니다. 근[감각기관]은 사물을 생성시키는 강력한 힘을 가지고 있습니다. '근(根)'은 범어로 '인드리야(indriya)'라고 하는데, 인드리야(indriya)는 힌두교 최고의 신인 인드라(indra)의 강력한 힘을 형용화한 것입니다.

좀 더 구체적으로 말하면, 근(根)의 한자적인 의미는 식물의 뿌리입니다. 나무나 식물의 뿌리가 외부로부터 양분을 흡수할 뿐만 아니라 나무나 식물의 잎을 성장시키는 힘[에너지]을 가지고 있듯이, 감각기관이 바깥의 대상을 받아들여 지각을 생기게 하는 힘을 가지고 있다는 것입니다. 그래서 예로부터 6근이란 6식이 인식 대상[6경]을 인식할 때[發識取境] 그 의지처가 되고 근본이 되기 때문에 '근'이라고 한 것입니다.

또한 이런 의미에서 근원·근본으로 해석하기도 합니다. 『법화경』에서는 경전[법화경]을 수지·독송·해설·사경하면 6근을 청정하게 할 수 있다고 합니다.

6경

다음으로 6경에 대해 살펴보겠습니다. 6경(六境, ṣaḍ-viṣaya) 또는 육진(六塵)이란 6가지의 인식 대상, 즉 '색경·성경·향경·미경·촉경·법경'을 말합니다. 범문의 '샤드(ṣaḍ)'는 숫자 6, 경(境, viṣaya)은 인식 대상이라는 의미입니다. 이것을 현장 스님은 6경, 구마라집 스님은 6진이라고 한역합니다. 현장 스님이 한역한 경(境)의 범어 '위샤야(viṣaya)'를, 구마라집 스님이 티끌 '진(塵)'자로 한역한 것은 우리의 깨끗한 마음에 더러운 미혹이 6경(색·성·향·미·촉·법)을 통해 외부세계로부터 먼지처럼 들어오기 때문입니다. 그래서 선종에서도 먼지〔번뇌〕가 쌓여 있는 거울〔마음〕을 닦아 내는 것, 즉 본래 모습인 깨끗한 거울〔마음〕로 되돌리는 것을 견성성불이라고 하는 것입니다.

우리는 감각기관〔6근〕을 통해 외부세계의 인식 대상〔6경〕을 지각합니다. 예를 들면 안근은 형체, 이근은 소리, 비근은 냄새, 설근은 맛, 신근은 촉의 인식대상을 지각합니다. 그리고 마지막의 의근은 법경(法境), 즉 오감을 종합하는 기능을 담당합니다. 앞에서 설명했듯이 이 6근과 6경을 합쳐 12처(處)라고 합니다.

12처란 안근(眼根·cakṣus-indriya), 이근(耳根·śrotra-indriya), 비근(鼻根·ghrāṇa-indriya), 설근(舌根·jihvā-indriya), 신근(身根·kāya-indriya), 의근(意根·manas-indriya)의 6개의 감각기관(ṣaḍ-indriya)과 색경(色境·rūpa-viṣaya), 성경(聲境·śabda-viṣaya), 향경(香境·gandha-viṣaya), 미경(味境·rasa-viṣaya), 촉경(觸境·spraṣṭavya-viṣaya), 법경(法境·dharma-viṣaya)의 6개의 인식대상(ṣaḍ-viṣaya)을 말합니다.

이처럼 공의 입장에서는 6근과 6경의 12처는 존재하지 않습니다. 그러나 세속의 입장에서도 12처가 존재하지 않는다는 것은 아닙니다.

'처(處)'란 여섯 가지의 감각기관(6근)이 여섯 가지 인식 대상(6경)을 받아들여 의식을
만들고 발전시키는 '장소'라는 상징적인 표현임.

▶ 6근
6근이란 6가지의 감각기관, 즉 안근·이근·비근·설근·신근·의근을 말함.
근(根)이란 '사물을 생성시키는 강력한 힘'을 상징하는 말로
'식물의 뿌리'를 말함.

▶ 6경
6경이란 6가지의 인식 대상인 '색·성·향·미·촉·법'을 말함.
현장 스님은 6경(境), 구마라집 스님은 6진(塵)이라고 한역함.

깨달은 눈으로 보면 18계는 공하다

무안계 내지 무의식계(C:無眼界 乃至 無意識界, SKT:na cakṣur-dhātur yāvan na mano-vijñā-
na-dhātuḥ, E:no sight-organ, and so forth, until we come to no mind-consciousness element)

이 경문은 6근·6경·6식의 18계가 존재하지 않는다고 부정한 것입니다. 다시 말해 공의 입장에서 보면 안근·의근·비근·설근·신근·의근의 6근과 색경·성경·향경·미경·촉경·법경의 6경, 그리고 안식 등의 6식(六識)을 더한 18계(界)가 없다는 것입니다.

18계란 6개의 감각기관(ṣaḍ-indriya)과 6개의 인식 대상(ṣaḍ-viṣaya), 그리고 안식(眼識)·이식(耳識)·비식(鼻識)·설식(舌識)·신식(身識)·의식(意識)의 6개의 인식 작용(ṣaḍ-vijñāna)을 말합니다.

유식에서는 안식 등을 전5식이라고 하고, 마지막의 의식은 제6 의식에 해당합니다. 주의할 것은 의식과 제6 의식은 같은 말입니다. 의식에 '제6(여섯 번째)'이라는 순서를 첨가한 것뿐입니다.

정리하면, 공의 입장에서는 18계가 존재하지 않습니다. 이처럼 『반야심경』은 불교의 세계관인 5온·12처·18계가 '공'하다고 부정합니다. 즉 깨달은 자의 입장에서 보면 18계도 공하다는 것입니다.

범문과 한역의 경문을 비교한 것은 필자의 졸저 『범어로 반야심경을 해설하다』을 참조하기 바랍니다.

이어서 『반야심경』은 12연기도 부정합니다.

18계란 6개 감각기관과 6개의 인식 대상, 그리고 안식(眼識)·
이식(耳識)·비식(鼻識)·설식(舌識)·신식(身識)·의식(意識)인
6개의 인식 작용을 말함.

즉 깨달은 자의 입장에서 보면, 불교의 세계관인
5온·12처·18계가 '공' 하다고 부정함.

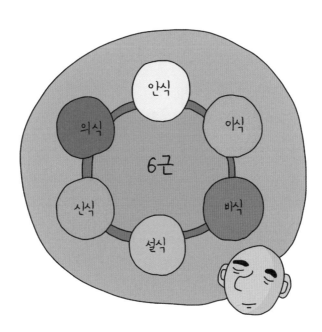

깨달은 눈으로 보면 12연기도 공하다

무명도 없고, 무명이 다함도 없다

무무명 역무무명진(C:無無明. 亦無無明盡. SKT:na vidyā nāvidya na vidyā-kṣyo nāvidyā-kṣaya, E:there is no ignorance, no extinction of ignorance)

이 경문은 공의 입장에서 보면 무명도 노사도, 무명이 다함도, 노사의 다함도 없다는 것입니다. 즉 12연기를 부정한 것입니다. 무명이란 12연기의 지분 중에서 처음으로 등장하는 것으로, '명(明)'이나 '깨달음'의 반대말입니다. 범어 '위드야(vidyā)'는 여성명사로, '밝다(明)'의 의미입니다. 부정사인 'na'가 첨가되어 있기 때문에 '무명(無明)'으로 한역합니다.

내지 노사도 없고, 노사가 다함도 없다

내지 무노사 역무노사진(C:乃至無老死. 亦無老死盡. SKT:yāvan na jarā-maraṇaṃ na jarā-maraṇa-kṣayo, E:so forth, until we come to, there is no decay and death, no extinction of decay and death)

이 구절은 12연기를 모두 '공'이라고 하지 않고 '내지'라는 말로 압축하여 표현한 것입니다. 앞에서도 설명했듯이, '내지'란 '무명'과 '노사' 사이에 있는 '행·식·명색·육입·촉·수·애·취·유·생'의 10가지 지분을 생략했다는 뜻입니다.

무명도 없고, 무명이 다함도 없다.

공의 입장에서 보면 무명도 노사도, 무명이 다함도, 노사의 다함도 없다는 것
즉 12연기를 부정함.

무명이란 '명(明)'이나 '깨달음'의 반대말

내지 노사도 없고, 노사가 다함도 없다.

12연기를 전부 '공'이라고 하지 않고, '내지'라는 말로 압축하여 표현함.
'내지'란 '무명'과 '노사'사이에 있는 '행·식·명색·6입·촉·수·애·취·유·생의
10가지 지분을 생략했다'는 뜻

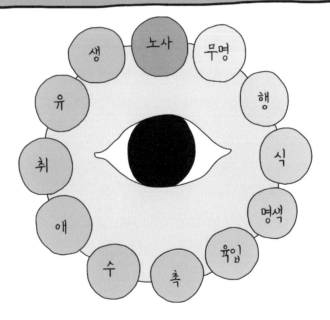

12연기란 무엇인가?

앞의 경문에서는 공의 입장에서 보면 연기가 없다고 부정하였습니다. 그래서 연기, 즉 12연기에 대해 설명하고자 합니다.

연기란 인연생기(因緣生起)의 준말입니다. 12연기의 12라는 숫자는 연기를 보다 자세하게 풀어서 설명한 것에 불과합니다. 부처님이 체득한 진리도 바로 연기입니다. 부처님은 연기법을 발명한 것이 아니라 발견한 것이라고 하였습니다. 연기는 이미 만고의 진리로서 존재해 왔는데, 부처님이 그 이치를 체득했다는 것입니다.

연기(緣起)란 '〜에 의하여 함께 생기하다'라는 뜻의 범어 '쁘라띠뜨야 삼우뜨빠다(pratītya-samutpāda)'를 한자로 번역한 것입니다. 단적으로 말하면, 연기란 인간의 괴로움은 왜 생기며, 그 괴로움을 어떻게 하면 소멸할 수 있는가를 우리에게 가르치고 있는 것입니다. 우리는 온갖 괴로움을 안고 살아가고 있습니다. 굳이 찾지 않아도 괴로움의 씨앗은 사방에 널려 있으며 끊임없이 다가와 우리를 괴롭힙니다. 연기는 이 괴로움을 괴로움으로 자각하고, 괴로움에 의해 다가오는 씨앗을 명확히 의식하며, 괴로움의 해결은 이 씨앗을 근절하는 것이라고 가르칩니다.

부처님은 인간의 대표적인 괴로움은 생·노·병·사이고, 이 괴로움에 의해 오는 원인과 이유를 직관적으로 파악하였습니다. 즉 인간의 괴로움이 일어나는 과정과 그 괴로움을 소멸해 가는 과정을 12가지로 세분한 것이 12연기입니다.

이제 12연기에 대해 설명하겠습니다.

연기란 인연생기(因緣生起)의 줄인 말

연기란 '~에 의하여 함께 생기하다'라는 뜻의 범어

'쁘라띠뜨야 삼우뜨빠다(pratītya-samutpāda)'를 한자로 번역한 것

인간의 괴로움 과정과 괴로움이 소멸해 가는 과정을 12가지로 세분한 것이 12연기

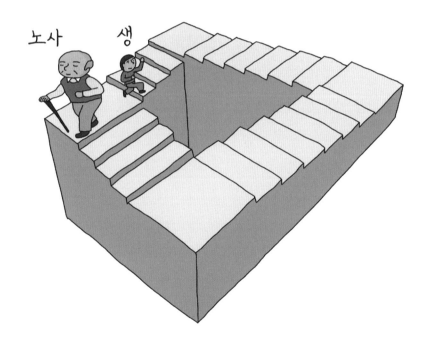

노사 생

12연기 ① 무명·행

12연기의 첫 번째는 무명(無明, avidyā)과 행(行, saṃskāra)입니다.

　이 두 지분은 자신의 과거의 삶에서 기인한 괴로움입니다. 부처님은 인간이 괴로운 근본적인 원인을 무명이라고 보았습니다. 무명이란 밝은 지혜가 없다는 뜻으로, 구체적으로 말하면 연기나 4성제 등의 진리에 대해 무지하기 때문에 생기하는 근본 번뇌입니다.

　그리고 우리는 진리에 대해 무지(無明)하기 때문에 3업(三業), 즉 신업·구업·의업을 일으킵니다. 자신이 행한 과거의 3업은 사라지는 것이 아니라 잠재적인 힘으로 남아 현재의 내 삶에 영향을 미칩니다. 이 잠재적인 힘을 '행'이라고 합니다. 행의 범어는 '상스까라(saṃskāra)'입니다. 이것은 제행무상(諸行無常)의 '행'과 5온의 '행'에 공통적으로 쓰입니다. 앞에서 설명했듯이, 행은 업(業, 행위)과 같은 말로서, '형체를 형성하는 힘 또는 에너지'를 의미합니다.

　이것을 유식에서는 종자(種子, bīja)라고 합니다. 앞에서 이미 설명했지만 종자란 '내가 행한 결과물'을 말합니다. 다시 말해 우리가 어떤 행위를 하면, 그 행위는 종자가 되어 제8 아뢰야식에 차곡차곡 저장되어 우리의 삶에 영향을 미친다고 합니다. 예를 들어 내가 선한 행위를 하면 선한 행위가 축적되어 점차 선한 행위를 생기하는 힘이 강한 인격으로 나타납니다. 반대로 악한 행위를 하면 악한 행위가 축척되어 점차로 악한 행위를 생기게 하는 힘이 강한 인격으로 나타나는 것입니다.

무명(無明)과 행(行)은 자신의 과거 삶에서 기인한 괴로움이다.
무명은 연기나 4성제 등의 진리에 대해 무지하기 때문에 생기하는 근본 번뇌이다.
그리고 진리에 대해 무지[무명]하기 때문에 3업(三業), 즉 신업·구업·의업을 일으킨다.

자신이 행위한 과거의 3업은 사라지는 것이 아니라 잠재적인 힘으로 남아 현재의
내 삶에 영향을 미친다. 이 '잠재적인 힘[에너지]'이 행(行)이다.

12연기 ② 식·명색·육입

행에 의해 만들어진 과거의 무수한 업은 잠재적인 힘으로 남아 현재의 나의 삶인 식·명색·6입·촉·수·애·취에 영향을 미칩니다. 그 첫 번째가 식·명색·6입입니다.

식이란 6가지의 마음 활동인 안식·이식·비식·설식·신식·의식을 말합니다. 유식에서는 안식·이식·비식·설식·신식을 전5식(前五識)이라고 하고, 의식을 제6 의식이라고 합니다.

명색(名色, nāma-rūpa)이란 마음 바깥에 존재하는 대상[현상적 존재]을 말합니다. 즉 6경을 말합니다. 여기서 '명(nāma)'은 정신적인 것을 말하고, '색(rūpa)'은 물질적인 것을 말합니다. 그래서 앞에서 명과 색은 일체의 현상적 존재라고 한 것입니다.

6입(六入, ṣaḍ-āyatana)이란 구마라집 스님의 한역인데, 현장 스님은 6근[안근·이근·비근·설근·신근·의근]이라고 합니다. 여기서 눈[眼]은 시각기관으로서의 시신경 또는 시각 능력을 의미하고, 귀[耳]는 청각기관 또는 청각 능력을 의미하며, 코[鼻]는 취각기관 또는 취각 능력을 의미하고, 혀[舌]는 미각기관 또는 미각 능력을 의미하며, 몸[身]은 단순히 피부가 아니라 촉각기관 또는 촉각 능력을 의미하고, 뜻[意]은 지각기관 또는 지각 능력을 의미합니다.

그런데 식·명색·6입은 시간적 인과관계가 아니라 논리적 인과관계라는 사실입니다. 다시 말해 식·명색·6입은 동시에 일어나는 것이지만, 지분으로 나누다 보니 식-명색-6입의 순서를 정했을 뿐이라는 것입니다.

행에 의해 만들어진 과거의 무수한 업은 잠재적인 힘으로 남아 현재의 나의 삶인 식·명색·6입·촉·수·애·취에 영향을 미친다. 그 첫 번째가 식·명색·6입이다.

식(識)이란 6가지의 마음 활동인 안식·이식·비식·설식·신식·의식을 말함.

명색(名色)이란 마음 바깥에 존재하는 대상[현상적 존재]인 색경·성경·향경·미경·촉경·법경을 말함.

6입(六入)이란 6개의 감각기관, 즉 안근·이근·비근·설근·신근·의근이다.

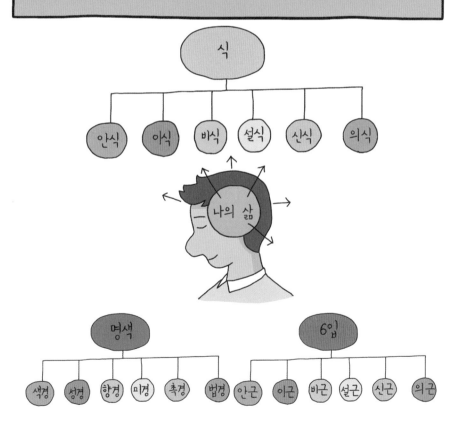

12연기 ③ 촉·수

다음은 촉(觸, sparśa)과 수(受, vedanā)입니다.

먼저 촉이라고 하면 단순히 피부의 접촉이나 만지는, 영어의 touch 정도로 생각하기 쉽습니다. 그러나 여기서의 촉이란 식·6입·명색의 삼자가 서로 접촉하는 것을 말합니다. 다시 말해 식[인식 작용]과 명색[대상]과 6입[감각기관]이 모여 접촉[觸]이 일어난다는 것입니다. 이처럼 삼자[인식 작용·인식 대상·감각기관]의 접촉에 의해 감각이나 지각의 인식 작용이 생기할 때를 촉[접촉]이라고 합니다. 그러나 삼자의 접촉이 있더라도 괴로움이나 즐거움의 지각은 분명하지 않은 상태입니다.

그리고 식·6입·명색의 삼자가 서로 접촉하면, 다음으로 수(受)의 작용이 일어납니다. 즉 대상이나 현상을 받아들이는 작용이 일어납니다. 그러나 받아들일 때 무조건적으로 받아들이지 않습니다. 즉 대상을 선택해서 받아들입니다. 예컨대 동일한 대상이나 현상도 즐겁게 받아들이고, 기분 나쁘게 받아들이고, 무덤덤하게 받아들이는 사람도 있다는 것입니다. 이것을 3수(三受)라고 합니다. 다시 말해 즐겁게 받아들이는 것을 낙수(樂受), 괴롭게 받아들이는 것을 고수(苦受), 고도 낙도 아닌 무덤덤하게 받아들이는 것을 사수(捨受)라고 합니다.

그리고 이 수[감수 작용] 때문에 개인적인 차이, 즉 각자의 개성도 드러납니다. 다만 감수 작용[수]에서는 기쁨·괴로움 등은 지각하지만, 아직 애욕[갈애]은 일어나지 않습니다.

촉이란 식·6입·명색의 3자가 서로 접촉하는 것을 말함.

즉 삼자의 접촉에 의해 감각이나 지각의 인식 작용이 생기할 때를 촉[접촉]이
라고 함.
촉에 의해 감수하는 수(受)의 작용이 일어남. 수는 대상이나 현상을 받아
들이는 작용임.

선택해서 받아들이기 때문에 개인적인 차이[개성]가 나타남.

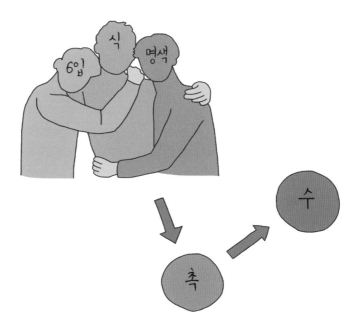

12연기 ④ 애

그 다음에 수(受)를 고리로 하여 '애(愛, tṛṣṇa)'의 지분이 일어납니다. 즉 갈애(渴愛)가 일어납니다. 갈애란 동사 √tṛṣ(목마르다)에서 파생한 명사로, 마치 사막을 건너는 사람이 목마름에 물을 갈구하듯이 애욕에 집착한다는 것입니다. 이처럼 갈애(욕망)는 인간의 모든 번뇌의 근저에 있으면서 윤회를 반복하게 하는 원인으로서 욕망을 총칭합니다.

불교에서는 욕망을 세분하는데, 이것을 현대 자본주의와 관련지어 설명해 보겠습니다. 우리는 누구나 좋은 대학에 들어가 근사한 직업을 갖고 싶어 합니다. 아름답고 멋있는 사람을 만나고 싶어 합니다. 또한 좋은 집에서 맛있는 음식을 먹고 좋은 옷을 입고 멋지게 잘 살고 싶어 합니다. 게다가 돈도 많고 남에게 존경도 받고 싶어 합니다. 이런 것을 우리는 '욕망'이라고 부릅니다. 이런 욕망을 일찍이 요가 수행을 통해 알아차리고 언어로써 자세하게 기록하여 남긴 종교가 불교입니다. 불교에서는 인간의 욕망을 정신적 현상인 바람(欲, chanda)·탐욕(貪慾, rāga), 감각적 욕망인 까마(kāma, 性慾), 물질적·정신적 욕망을 포함하는 넓은 의미인 갈애(渴愛, tṛṣṇa)로 세분합니다.

그러면 이것에 대해 좀 더 구체적으로 살펴보도록 하겠습니다. 왜냐하면 불교에서는 이런 욕망들이 나를 괴롭게 하는 중요한 원인으로 보았기 때문입니다. 그리고 이런 욕망을 직시하여 괴로움(번뇌)에서 벗어나고자 하는 것이 불교의 목적이기 때문에, 그 욕망의 정체를 정확하게 파악해야 할 것입니다.

수(受)를 고리로 갈애(渴愛)가 생김.

갈애란 마치 사막에서 목이 마를 때에 물을 갈구하듯이 애욕에 집착한다는 것을 말함.

불교에서는 인간의 욕망을 정신적 현상인 바람(chanda)·탐욕(rāga), 감각적 욕망인

까마(kāma), 물질적·정신적 욕망을 포함하는 넓은 의미인 갈애(tṛṣṇa)로 세분함.

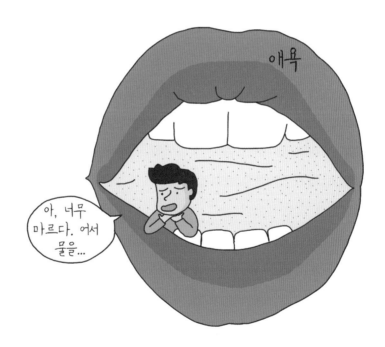

12연기 ④ 애/ 가. 까마

애의 첫 번째가 까마입니다. 까마란 눈·코 등의 감각을 기반으로 생기는 '감각적 욕망'을 말합니다. 범어 '까마(kāma)'는 '바라다'라는 뜻의 동사어근 √kam(깜)에서 파생한 명사입니다. 그렇지만 부처님께서는 이런 감각적 욕망을 완전히 부정하지 않습니다. 육체를 가진 한 '감각적 욕망'은 인간이 살아가는 동안 필수적으로 동반되는 것입니다. 부처님은 우리에게 감각적 욕망으로 인해 초래된 잘못된 결과를 수행 등을 통해 제어하고, 절제할 것을 요구합니다.

다시 말해 부처님은 감각적 욕망을 제어하고 절제하라고 한 것이지, 완전히 없애라고 하지 않았다는 것입니다. 왜냐하면 감각적 욕망을 완전히 없애면 그 결말은 죽음뿐이기 때문입니다. 또한 인간은 감각적 욕망을 통해 바람·희망·성취욕·삶의 목적 등을 실현해 가는 존재이기 때문입니다.

만약 인간에게 이 감각적 욕망이 없다면 개인적인 일상생활은 무기력하게 되고, 인류의 발전도 기대할 수 없을 것입니다. 이처럼 감각적 욕망은 인간이 일상생활을 영위하는 데 있어서 강력한 삶의 원동력이 되는 것입니다. 하지만 동시에 우리의 궁극적 목표인 깨달음〔행복〕을 방해하는 최대의 장애물이기도 합니다. 결국 우리가 어떤 길을 선택하는가는 오로지 그 자신의 문제입니다.

까마란 눈·코 등의 감각을 기반으로 생기는 '감각적 욕망'으로,
식욕·성욕·수면욕 등을 말함.

부처님은 감각적 욕망을 수행으로 제어하고, 절제할 것을 요구했지 완전히 없애라고
한 것은 아니다. 감각적 욕망의 완전한 절제는 죽음뿐이기 때문이다.
감각적 욕망은 강력한 삶의 원동력이 되지만, 동시에 깨달음[행복]을 방해하는
최대의 장애물이기도 함.

욕망을 늘 절제하고
제어하라. 완전히 없앤
다면 산 사람이 아니지.

12연기 ④ 애/ 나. 욕

애의 두 번째는 정신적 욕망에 속하는 욕[찬다]입니다. 욕(欲)의 범어 '찬다(chanda)'는 '원하다'는 뜻의 동사어근 √차드(chad)에서 파생한 것으로, 인간이 가지고 있는 의욕·의지·바람·희망이라고 할 수 있습니다. 다시 말해 찬다(chanda)는 행위를 하기 위한 의지나 욕구 등 대상을 향하여 나아가기 위한 원인이 되는 심리적 현상으로서, 특히 자기가 '좋아하는 대상에 대해서 희망하는 마음'이라고 할 수 있습니다. 우리는 이왕이면 아름답고 멋있는 사람을 만나길 원하고, 음식도 맛있는 것, 가방이나 옷도 명품을 사려고 합니다. 이처럼 보다 나은 것을 가지려고 하고, 보다 맛있는 것을 먹으려고 하는 것이 찬다[바람]입니다.

다만 범어 '찬다'를 '욕(欲)'이라는 한자로 번역함으로써 인간이 버려야 할 욕망이나 욕구로 생각하기 쉽지만, '찬다(chanda)'는 희망이나 바람으로 이해하는 편이 적절할 것 같습니다. 우리의 일상생활은 과욕·욕심·사리사욕 등의 나쁜 바람과 '108배를 매일 해야지'와 같은 좋은 바람이 동시에 공존하고 있습니다. 유식에서는 전자를 '악법욕(惡法欲)', 후자를 '선법욕(善法欲)'이라고 합니다.

예를 들어보겠습니다. 사격을 좋아하는 사람이 있다고 해봅시다. 그가 총알을 과녁에 명중시키기 위해 열심히 연습한다면 그것은 선한 바람[善法欲]입니다. 그러나 만약 그가 사람을 죽이기 위해 사격 연습을 한다면 그것은 나쁜 바람[惡法欲]이 되는 것입니다. 이처럼 찬다는 대상에 따라 선과 악 어느 쪽으로도 작용할 수 있는 것입니다.

욕(欲)이란 의욕·의지·바람·희망으로,
'좋아하는 대상에 대해서 희망하는 마음'이다.

이것에는 과욕·욕심·사리사욕 등의 나쁜 바람[악법욕]과
'오늘 108배를 매일 해야지'라는 좋은 바람[선법욕]이 동시에 공존함.

좋은 바람이 될 것인지, 나쁜 바람이 될 것인지는 자신의 선택에 달렸음.

12연기 ④ 애/ 다. 탐욕

욕망이라는 이름의 전차와 원숭이 덫

탐(貪)은 범어 라가(rāga)의 번역입니다. 라가란 '채색하다·물들다'는 뜻의 동사어근 √라즈(raj)에서 파생한 명사로, 한역에서는 탐이나 탐욕이라고 합니다. 경전에서는 탐욕을 '원숭이의 덫'에 비유하고 있습니다. 옛날 인도에서는 원숭이를 잡을 때 나무에 커다란 구멍을 뚫고 거기에 송진을 붙여 놓았다고 합니다. 그러면 호기심 많은 원숭이가 그것이 무엇인지 확인하려고 오른손을 넣었다가 손이 빠지지 않으면, 이번에는 왼손을 집어넣는다고 합니다. 양손이 빠지지 않으면, 이번에는 오른발과 왼발을 차례로 집어넣는다고 합니다. 그리고 손과 발이 빠지지 않으면, 마지막에는 입마저 집어넣어 결국 꼼짝없이 인간에게 잡힌다고 합니다.

예를 하나 더 들어보겠습니다. 1951년에 개봉한 비비안 리와 마론 브란도 주연의 '욕망이라는 이름의 전차(A streetcar named desire)'라는 영화가 있습니다. 이 영화는 원래 1947년 브로드웨이에서 초연한 테네시 윌리엄스의 연극을 모티브로 한 것입니다. 필자는 이 영화를 볼 때마다 영화 제목을 너무 잘 지었다고 생각합니다. 예컨대 전차는 처음에 서서히 움직이기 시작해서 점점 속도를 올리는데, 우리의 욕망도 이러한 전차의 움직임과 같다는 것입니다. 즉 처음에는 아주 서서히 움직이지만, 나중에는 고속으로 질주하는 전차처럼 우리의 욕망도 처음에는 미세하지만, 점점 극대화되어 조정하기조차 힘든 속성을 가지고 있는 것입니다. 그래서 제목을 '욕망이라는 이름의 전차'라고 한 것 같습니다.

이처럼 탐욕[欲望]은 아주 미미하게 시작하지만, 점점 커져 결국 제거하기 힘든 상태가 되는 것입니다. 이와 같이 탐욕은 전차와 원숭이의 덫처럼 아주 미미하게 그리고 아주 천천히 시작하지만 결국 탐욕[欲望]이라는 속도와 덫에 걸려 헤어나지 못하는 전차나 원숭이처럼 우리를 파멸의 길로 이끄는 것입니다.

욕구(need)와 욕망(desire)

프랑스의 현대철학자 자크 라캉(Jacques Lacan)은 인간의 욕망을 'need'와 'desire'로 구분합니다. 우리말로는 'need'를 욕구, 'desire'를 욕망으로 번역합니다. 불교 용어로 설명하자면, 'need'는 감각적 욕망인 까마(kāma)이며, 'desire'는 탐욕인 라가(rāga)에 해당할 것입니다. 우리는 욕구(欲求)와 욕망(欲望)을 구분하지 않고 사용하고 있습니다. 사전적으로 욕구는 '무엇을 하거나 무슨 일을 하고자 바라고 원하는 것'이며, 욕망은 '무엇을 하거나 가지고 싶어 간절히 바라고 원함 혹은 그렇게 원하는 마음'이라고 하듯이 둘은 크게 차이가 나지 않습니다.

그러나 한자로 분석해 보면 차이가 분명해집니다. 욕구와 욕망은 각각 바랄 욕(欲)자에 찾을 구(求)자와 바랄 망(望)자가 합쳐져서 이루어진 말입니다. 이 두 낱말의 차이는 '구(求)'자와 '망(望)'자의 차이입니다. 먼저 '구(求)'는 나에게 필요한 것을 적극적으로 구한다는 의미입니다. '추구(追求, 끈기 있게 뒤쫓아 구함)', '요구(要求, 받아야 할 것을 달라고 함)' 등과 같은 말에 그 의미가 잘 드러나고 있습니다. 반면 '망(望)'은 '바라다'는 의미와 더불어 '바라보다'라는 의미도 있기 때문에 내가 바라는 것을 적극적으로 구하기보다는 추이를 관망하면서 소극적으로 기다린다는 의미가 함축되어 있습니다.

　욕구(need)와 욕망(desire)은 분명한 차이가 있는데, 'need'의 근원적 의미는 '결여'인데, 결여된 것을 반드시 채우고자 하는 필요의 의미를 함축하고 있습니다. 그런 점에서 '욕구'는 기본적으로 동물적인 '생존 본능'을 의미합니다. 인간은 배가 고플 때 음식 한 그릇이나 두 그릇을 먹으면 만족합니다. 아무리 배가 고파도 한 끼에 10그릇 먹는 사람은 없습니다. 이른바 '최소치'가 충족되면, 더 이상 바라지 않습니다. 그리고 이 욕구는 '절대적인 것'으로 시대나 장소에 따라 변하는 것이 아닙니다. 또한 욕구는 사물의 '사용 가치'〔기능, 쓰임새〕를 중시합니다.

　반면 'desire'는 원하는 것, 하고 싶은 것 등과 같이 주관적 소원을 나타낸다고 할 수 있습니다. 다시 말하면 '욕망'이란 사회적·문화적 바람입니다. 예를 들어 음식을 먹을 때 양적인 만족보다는 질적인 만족, 즉 맛있는 음식을 먹고 싶어 하는 것입니다. 그리고 욕망은 상대방과의 비교를 통해 좀 더 아름답고 멋지고 싶다는 '최대치'를 기준으로 삼습니다. 즉 인간은 좀 더 맛있는 것, 좀 더 고급스러운 제품 등을 끊임없이 갈망한다는 것입니다. 그래서 우리는 절대로 만족할 수가 없는 것입니다.

　이러한 욕망은 '상대적'이라 시간이나 장소에 따라 변할 수 있습니다. 게다가 상품의 '사용 가치'보다는 '미적인 가치〔디자인, 맛〕', '기호적 가치〔메이커, 브랜드〕'를 추구하기 때문에, 상품의 사용 가치가 남아 있어도 폐기 처분하고 현재 유행하는 새로운 상품을 사게 만듭니다. 또한 욕망은 메이커나 브랜드에 치중하기 때문에 가짜 상품도 유행하게 만듭니다.

욕망과 자본주의

예를 들어보겠습니다. 현대인은 대부분 핸드폰을 가지고 있습니다. 심지어 5G폰까지 등장한 시대입니다. 그렇다면 핸드폰이 못쓰게 될 정도로 망가져 교환하는 사람은 과연 몇 명이나 있을까요? 다시 말해 핸드폰의 사용 가치가 다 되어 바꾸는 사람이 몇 명이나 되겠는가 하는 것입니다. 그러면 왜 이런 현상이 일어난 것일까요? 핸드폰을 바꾸라는 자극이 외부에서 끊임없이 들어오기 때문입니다. 바로 대중매체를 통한 '광고'입니다. 광고는 우리의 욕망을 끊임없이 자극합니다. 남자들은 예쁜 여배우가 끊임없이 선전하는 새 핸드폰을 보면, 멀쩡한 핸드폰을 처분하고 그 새로운 핸드폰을 구매합니다. 정말 새 핸드폰을 구매하지 않고는 버티기가 힘듭니다. 여자들도 마찬가지입니다.

게다가 새로운 핸드폰을 구매하지 않으면 사회적으로 낙오한 사람으로 낙인찍히기 때문에 멀쩡한 핸드폰을 폐기 처분하고 어쩔 수 없이 새로운 핸드폰을 구매하게 됩니다.

그리고 자본주의는 이런 인간의 욕망을 자극하여 이윤을 챙기는 시스템입니다. 다시 말해 자본주의는 '인간 욕망의 확대 재생산'으로 유지되는 사회라는 것입니다. 그래서 자크 라캉도 자본주의를 '인간의 욕망을 먹고 사는 괴물'이라고 비판한 것입니다. 그렇다면 우리는 어떻게 살아야 할까요? 욕망에 충실한 꼭두각시로 살아야 할까요? 그것은 우리의 선택과 실천에 달린 문제입니다.

마지막으로 갈애에 대해서는 앞에서 설명한 적이 있기에 생략합니다.

12연기 ⑤ 취·유·생·노·사

애욕[갈애]의 집착 때문에 취(取, upādāna)가 일어납니다. 취란 욕망하고 원하여 얻은 물질적인 것과 정신적인 것에 집착하는 것으로 욕취(欲取)·견취(見取)·계금취(戒禁取)·아취(我取)의 4종류가 있습니다. 먼저 욕취는 물질적인 집착, 견취는 견해[因果否定]에 집착하는 것, 계금취는 종교적 신조[미신적 행위]에 집착하는 것, 아취는 자아에 집착하는 것입니다. 이것에 집착하는 것으로 말미암아 '생존[有]'을 유지하게 됩니다.

현재의 나의 삶인 식·명색·6입·촉·수·애·취에 의해 미래의 삶도 영향을 받습니다. 미래의 삶에 기인하는 것은 유(有, bhāva)·생(生, jāti)·노(老, jarā)·사(死, maraṇa)입니다.

첫 번째는 유(有)로, 윤회적 생존을 말합니다. 이 윤회적 생존에 의해 생, 즉 태어남이 있습니다. 태어남이 있기 때문에 노사, 즉 늙음과 죽음이 있습니다.

그러나 우리의 괴로움의 근원인 무명이 소멸하면 행도 소멸하고, 행이 소멸하면 식·명색·6입도 소멸하며, 촉·수·애·취도 소멸하며, 유·생·노·사도 소멸합니다.

그 반대로 사-노-생-유가 소멸하면 애-취-수-촉-육입-명색-식도 소멸하며, 행-무명도 소멸합니다. 이것은 소멸하는 순서로 연기를 보는 방법입니다.

이처럼 12연기는 인간의 괴로움이 생기는 과정과 그 괴로움을 소멸시키는 과정을 12가지로 나눈 것입니다.

애욕[갈애]의 집착 때문에 취(取, upādāna)가 생김.
취에 집착하는 것으로 말미암아 생존[有]을 유지하게 됨.
즉 현재의 나의 삶인 식·명색·6입·촉·수·애·취에 의해 미래의 삶도 영향을 받음.

미래의 삶에 기인하는 것은 유(有, 윤회적 생존)·생(生)·노(老)·사(死)임.
이 유[윤회적 생존]에 의해 생이 있고, 생이 있기 때문에 늙고, 죽음을 맞이함.
즉 고통 속에서 존재함.

반대로 우리들의 괴로움의 근원인 무명이 소멸하면 행도 소멸하고, 행이 소멸하면
식·명색·6입도 소멸하며, 촉·수·애·취도 소멸하며, 유·생·노·사도 소멸함.
즉 12연기는 인간의 괴로움이 생기는 과정과 그 괴로움을 소멸시키는 과정을
12가지로 나눈 것임.

깨달은 눈으로 보면 4성제도 공하다

무고집멸도(C:無苦集滅道, SKT:na duḥkha-samudaya-nirodha-mārgā, E:there is no suffering, no origination, no stopping, no path)

고집멸도도 없다

이 구절에서는 공의 입장에서 4성제도 없다고 부정합니다. 그러나 여기서 주의할 것은, 이 '무(부정)'는 결코 부정적인 허무의 무가 아니라는 것입니다. 만약 이것이 부정된다면 부처님의 가르침도 전부 부정되어 버립니다. 결코 그래서는 안 됩니다. 우리는 긍정과 부정이 성립하는 두 가지의 세계에서 '중도적 삶의 방식'으로 살아가야 합니다. 경문에서 '고집멸도도 없다'고 단정하는 것은 '공의 입장에서', '깨달은 자의 입장에서', '승의제에서', 즉 '반야의 지혜에 의해 비추어진 세계에 있어서' 그렇다는 뜻입니다.

우리는 현실적으로 차별적인 세계에 살고 있습니다. 괴로움도 있고, 갈애도 있습니다. 게다가 수행이라는 실천도 있습니다. 그 결과로 열반의 경지도 얻을 수가 있는 것입니다. 다만 우리가 이런 세계에만 산다면 그것에 대한 집착에 빠지게 됩니다. 그리고 그 집착의 결과로 괴로움과 미혹이 일어납니다. 결국 우리가 괴로움·미혹을 없애기 위해서는 '부정의 세계'를 알아야 합니다. 그래서 경문에서 '고집멸도는 없다'고 단정하는 것입니다. 그러나 무이기 때문에 아무것도 생각하지 말라는 것이 아닙니다. 우리가 미혹하고 있는 모습과 미혹하고 있는 것을 자각하고, 그것을 없애 깨달음에로 나아가라는 것입니다.

고뇌의 극복에 노력하라

부처님의 기본 입장은 괴로움을 해결하는 논의 이외에는 쓸모없다는 것입니다. 다시 말해 부처님의 모든 가르침은 괴로움을 소멸하는 데, 그 초점을 맞추고 있다고 해도 과언이 아닙니다. 이와 관련하여 너무나 잘 알려진 경전의 일화를 소개하겠습니다.

어느 날 저녁 무렵 말룽꺄 뿟따(Maluṇkyaputta)라는 제자가 뭔가 떠오른 표정으로 부처님이 있는 곳으로 왔다. 당시의 사상계에서 유행하고 있던 문제에 대해 부처님의 생각을 묻고 싶은 것이었다. 그 문제는 '세계는 영원한가, 영원하지 않은가?', '세계는 무한한가, 유한한가?', '영혼과 육체는 동일한가, 다른가?', '여래는 사후에도 존재하는가, 존재하지 않는가?' 등이었다. 당시의 사상가들이 즐겨 논쟁하던 문제였다. 이것에 대해 부처님은 거의 언급한 적이 없었는데, 말룽꺄 뿟따는 그것이 불만이었다. 그는 철학적 논의를 피해 가려는 불성실한 사상가라면 부처님을 스승으로 모시지 않겠다고 생각하였다.

그는 "세존이여! 이 문제들에 대해 아무것도 말씀하지 않는다면, 나는 세존을 따라 배우는 것을 그만두고 세속으로 돌아가려고 합니다. 문제의 해답을 알고 계신다면 말씀해 주십시오. 모른다면 모른다고 확실하게 말씀해 주십시오."라고 하여, 아주 당돌하게 질문을 했습니다.

그러자 부처님께서는 "말룽꺄여! 나는 그와 같은 문제에 대해 한 번도 논한 적이 없었다. 내가 그것에 대해 말하지 않는 한, 나의 밑에서 수행하지 않겠다고 한다면, 그 도중에 너의 수명은 다할 것이다. 나는 결코 이 문제에 대해 논하지 않을 것이다.

　말룽꺄여! 어떤 사람이 화살을 맞았는데 독이 묻은 화살이었다고 하자. 그의 친구, 친척은 화살의 상처에 대해 잘 알고 있는 의사를 부를 것이다. 그러나 그가 '나를 쏜 사람이 어떤 출신인지 알지 못하면 화살을 뽑지 않겠다, 또한 화살을 쏜 사람의 이름, 키, 피부색, 주소를 알지 못하면 화살을 뽑지 않겠다, 또한 화살의 종류, 화살이 대나무인지 아닌지, 화살에 사용된 깃털이 어떤 종류의 깃털인지 알지 못하면 화살을 뽑지 않겠다'고 말한다면, 그것에 대해 그는 모두 알 수는 없기 때문에 그의 수명은 다할 것이다. 지금 너의 태도도 화살 맞은 사람과 같다.

　말룽꺄여! 세계는 영원하다고 하는 사고방식이 있어도 또는 세계는 영원하지 않다는 사고방식이 있어도, 여전히 생노사가 있고, 걱정, 슬픔, 괴로움, 고민이 있다. 나는 생노사 등을 현실 속에서 어떻게 극복할 것인가를 가르치려고 한다. 말룽꺄여! 너의 머리를 아프게 하는 문제는 인간의 괴로움 해결에 도움을 주지 않는다.

　말룽꺄여! 따라서 내가 말하지 않은 것은 말하지 않은 것으로 그냥 그대로 받아들여라. 〈내가〉 말한 것은 말한 것으로 그냥 그대로 받아들여라. 내가 말하지 않은 것은 '세계는 영원한가, 영원하지 않는가'라는 문제이고, 내가 말한 것은 '4성제'이다."(말룽꺄 小經, 428-429)

이처럼 부처님은 괴로움의 소멸에 도움이 되지 않는 형이상학적 문제에 대해 말씀하시지 않습니다. 그래서 부처님은 '형이상학적 문제'를 부정했다고 주장하는 학자도 있습니다. 아무튼 부처님은 오로지 괴로움의 해결 방법으로서 우리에게 4성제의 가르침을 제시하고 있을 뿐입니다. 물론 『반야심경』에서는 공의 입장에서 4성제를 부정합니다.

고집멸도도 없다.

공의 입장에서 보면 4성제도 없다.

그러나 차별적 세계에서는 괴로움과 갈애도 있고, 수행이라는 실천도 있다.

그 결과로 열반도 있고, 집착도 일어난다.

'고집멸도도 없다'고 단정하는 것은 공의 입장에서 보면 그렇다는 것이다.

고뇌의 극복에 노력하라

부처님은 괴로움을 해결하는 논의 이외에는 쓸모없다고 한다.

〈독화살의 비유〉

세계는 영원한가, 영원하지 않은가?

영혼과 육체는 동일한가, 다른가?

여래는 사후에도 존재하는가, 존재하지 않는가?

즉 '형이상학적 문제'에 대해 〈독화살 맞은 사람의 비유〉로 설법한다. 부처님은 괴로움의 해결 방법으로서 4성제의 가르침을 우리에게 제시한다.

물론 『반야심경』에서는 공의 입장에서 4성제를 부정함.

4성제란

4성제는 부처님이 우리의 괴로움을 어떻게 하면 제거할 수 있는지에 대한 해결 방법으로 제시한 가르침입니다. 4성제(四聖諦, ārya-catvāri-satyāni)란 '네 가지의 성스러운 진리'라는 뜻입니다. 범어 '아르야(ārya)'는 형용사로 '성스러운·거룩한'이라는 의미로, 뒤에 오는 4제(四諦, 네 가지 진리)를 꾸미는 말입니다. '차뜨와리(catvāri)'는 '차뚜르(catur)'의 복수형으로 숫자 '4'를 뜻합니다. 그리고 '사뜨야니(satyāni)'는 중성명사 '사뜨야(satya)'의 주격, 복수형으로 '진리들[諦]'이라는 뜻입니다. 이 사뜨야는 '있다·존재하다'는 뜻의 동사 √아스(as)의 현재진행형인 사뜨(sat)에서 파생한 명사로 '현재 존재하고 있는 것'이라는 의미입니다. 이와 같이 불교는 '현재 있는 것'을 진리라고 봅니다.

불교의 '진리'라는 말에는 두 단어가 존재합니다. 하나는 앞에서 언급한 '사뜨야(satya, 諦)'이고, 또 다른 하나는 '따뜨와(tattva)'입니다. 4성제의 '진리(諦, satya)'란 인간의 행위와 관계된 진리로, 예를 들면 선·악 등으로 실현되지 않으면 진리로서 인정받지 못하는 진리입니다. 즉 현실에서의 진리입니다. 이처럼 불교는 '현재 있는 것'을 진리, 즉 제(satya)라고 생각하며, 이 제(諦)로써 고집멸도의 4성제를 세우고 있습니다.

반면 '따뜨와'는 인간과 관계가 없는 진리, 곧 진리 그 자체를 말합니다.

괴로움을 어떻게 하면 제거할 수 있는가?

그 해결 방법으로 제시한 것이 4성제이다.
4성제란 '네 가지의 성스러운 진리'라는 뜻이다.

여기서 진리(諦, satya)는 '현재 존재하고 있는 것',
즉 '현실에서의 진리'라는 말이다.
반면 '땃뜨와(tattva)'는 인간과 관계가 없는 진리, 진리 그 자체를 말한다.

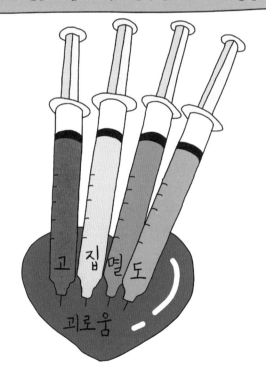

고 집 멸 도

괴로움

고성제

고성제의 의미와 고의 종류

고성제(苦聖諦)란 '괴로움에 관한 성스러운 진리'라는 뜻입니다. 다시 말해 존재하는 모든 것은 괴롭다는 것입니다. 고(苦)란 정신적·물리적 고통을 통틀어서 일컫는 말로서, 범어 두카(duḥkha)의 한역입니다. 괴로움에는 3가지 괴로움[三苦]이 있습니다.

- 고고(苦苦) : 더위·추위·기근 등에서 오는 괴로움
- 괴고(壞苦) : 자기가 좋아하는 대상이 없어짐으로써 생기는 괴로움
- 행고(行苦) : 만들어진 모든 것[유위법]은 무상하여 변함으로써 오는 괴로움

좀 더 구체적으로 말하면 고고(苦苦)란 더위·추위·굶주림·목마름 등의 괴로움입니다. 자연 등의 외계의 상황에 의한 괴로움입니다. 천재지변도 고고에 속합니다.

괴고(壞苦)란 자기가 좋아하는 대상이 변화하여 사라짐으로써 생기는 괴로움입니다. 이것은 일상에서 우리가 자주 경험하는 괴로움입니다. 우리가 느끼는 감수 작용에는 괴롭게 받아들이는 고수(苦受)와 즐겁게 받아들이는 낙수(樂受)가 있습니다. 그러나 즐겁게 느끼는 감수 작용도 그 본질은 고(苦)입니다. 왜냐하면 즐겁다고 느끼는 대상도 언젠가는 반드시 변화하여 없어지기 때문입니다. 사실 우리는 즐거움과 괴로움 사이를 왔다 갔다 합니다. 즐거움과 괴로움을 왔다 갔다 하는 그 자체가 바로 고(苦)입니다.

행고(行苦)란 변화함으로써 생기는 괴로움입니다. 이것도 모든 것에 걸쳐 있는 괴로움입니다. 행이란 현상적 존재라는 뜻인데, '행'이라는 글자가 들어간 가장 유명한 가르침이 '제행무상'입니다. '존재하는 모든 것이 무상하기 때문에 고'라고 하는 진리는 항상 작용하고 있습니다.

자본주의와 구부득고

경전에서는 고성제에 대해 다음과 같이 설하고 있습니다.

"수행자들이여! 이것이 고성제(Duḥkha-ārya-satya)이다. 이른바 태어남도 괴로움이고, 늙어 가는 것도 괴로움이고, 아픔도 괴로움이고, 죽음도 괴로움이고, 미워하는 사람과 만나는 것도 괴로움이고〔怨憎會苦〕, 사랑하는 사람과 헤어짐도 괴로움이고〔愛別離苦〕, 바라는 것이 손에 들어오지 않는 것도 괴로움〔求不得苦〕이다. 따라서 5취온(五取蘊)도 괴로움이다."

부처님은 인간의 괴로움을 8가지〔八苦〕로 규정하고 있습니다. 그중에서 가장 괴로운 것은 생사의 괴로움이겠지만, 우리의 세상이 자본주의 사회임을 감안하면 원하는 것이 손에 들어오지 않는 괴로움인 '구부득고(求不得苦)' 역시 우리의 큰 괴로움이라고 할 수 있습니다.

인간은 동물적 본능을 지닌 이기적인 존재이기도 하지만 동시에 사회적 존재이기도 합니다. 이처럼 인간에게 있어 사회적 관계가 필연적이라면 사회구성원 모두가 각각 최선의 삶을 실현할 수 있는 사회를 만드는 것이 중요합니다. 이러한 사회를 만들기 위해서는 개인의 인권이 존중되고 자유와 평등이 보장되는 법과 제도를 마련하는 것이 필요합니다. 그러나 이에 못지않게 경제적 가치의 분배 정의를 실현하는 것도 중요합니다. 분배 정의가 중요한 이유는, 인간이 가지고 있는 욕망은 무한한데 이를 충족시킬 재화가 상대적으로 부족함으로써 이 재화에 대한 각각의 요구가 서로 상충할 여지가 있기 때문입니다.

우리는 남보다 많은 돈과 높은 명예를 원하지만, 그것은 한정되어 있습니다. 그래서 한정된 재화·자원·자리를 놓고 인간과 인간 간에 경쟁할 수밖에 없습니다. 다시 말해 인간의 욕망은 무한하지만, 지구상의 자원은 유한하기 때문에 인간은 욕망을 채우기 위해 경쟁할 수밖에 없다는 것입니다. 경쟁에서 패한 자는 갖지 못한 자로 전락하고, 승자는 가진 자로서 자본주의의 향락을 즐깁니다. 그러나 갖지 못한 자와 가진 자 모두 만족하지는 못합니다. 갖지 못한 자는 자기의 부족한 것을 가지려고 하고, 가진 자도 지금보다 더 많은 것을 원하기 때문입니다. 이렇게 보면 자본주의 체제에서 '소욕지족(少欲知足)'의 삶을 살아간다는 것은 애초에 실현 불가능한 일일지도 모릅니다.

인류사를 보면 이런 불평등한 체제를 개선하기 위한 부단한 노력이 있었습니다. 즉 어떻게 분배할 것인지를 놓고 끊임없이 고민해 왔다는 것입니다. 그러나 완벽한 체제란 있을 수 없습니다. 따라서 필자는 이 문제를 사회체제의 변화와 더불어 인간의 내부, 즉 마음공부를 통해 해결해야 한다고 생각합니다. 그래서 성철 스님도 "팔만대장경을 한 글자로 나타내면 무엇입니까?"라는 질문에 심(心), 즉 마음공부라고 대답한 것입니다. 결국 자신의 마음을 잘 살펴 수행을 통해 깨달음을 얻는 것이 불교의 근본 목적이고, 깨달음이란 바로 better being(보다 나은 삶)이며, better being이 곧 행복(깨달음)인 것입니다.

고성제의 의미와 고의 종류
고성제(苦聖諦)는 '괴로움에 관한 성스러운 진리'라는 뜻이다.
즉 존재하는 모든 것은 괴롭다는 뜻.
고에는 3가지 괴로움[三苦], 즉 고고, 괴고, 행고가 있음.

자본주의와 구부득고
8가지 괴로움[八苦] 중에서, 욕망의 확대 재생산 시스템인 자본주의 사회에
살고 있는 우리에게 가장 큰 괴로움은 원하는 것이 손에 들어오지 않는
괴로움인 '구부득고(求不得苦)'이다.
왜냐하면 재화·자원·자리는 한정되어 있지만, 욕망은 무한하며, 이를 두고 무한
경쟁을 반복하기 때문이다.

해결 방법은?
마음공부→better being(더욱 나은 삶)
better being→ 행복, 즉 깨달음이다.

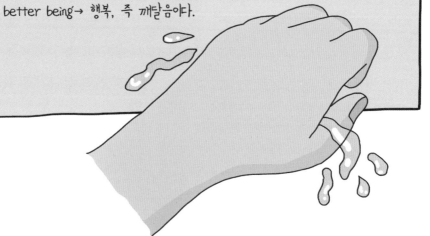

고집성제

고집성제(苦集聖諦)란 '괴로움(苦)이 일어나는 원인(集)에 관한 성스러운(聖) 진리(諦)'라는 뜻입니다. 여기서 '집(集)'은 '원인'이라는 뜻입니다. 그러므로 고집성제란 현실적인 괴로움이 일어나는 '원인'을 밝히고 있습니다.

그렇다면 괴로움을 일으키는 원인은 무엇일까요? 부처님은 괴로움의 원인을 '갈애(渴愛)'와 '무명(無明)' 때문이라고 합니다. 여기서 갈애는 육체적·정신적 욕망을 포함하는 가장 넓은 범위의 개념으로 갈망·욕망·집착 등과 동일한 의미입니다. 부처님은 이 갈애가 괴로움을 일으키는 원인이고, 윤회를 반복하게 하는 원인이라고 하였습니다. 다시 말해 괴로움의 원인이 갈애(욕망)와 그 갈애에 대한 집착 때문이라는 것입니다.

특히 부처님은 욕망 중에서도 5욕(五欲)에 빠져, 그것에 애착하고, 집착하기 때문이라고 하였습니다. 그러면 『비유경』에 나오는 '흑백이서'(黑白二鼠, 희고 검은 두 마리의 쥐)의 비유를 통해 우리가 얼마나 5욕에 빠져 살아가고 있는지를 생각해보겠습니다.

　"옛날 어느 곳에 나그네가 있었다.

　그가 넓은 들판을 걷고 있을 때, 갑자기 미친 코끼리를 만났다. 놀라서 도망치려 하였으나 넓고 넓은 들판이기 때문에 도망쳐 숨을 곳이 없었다. 그러나 다행스럽게도 들판 한가운데 낡은 우물이 있었다. 그 우물에는 한 가닥의 등나무 덩굴이 안으로 드리워져 있었다. 하늘의 도움이라 생각하고 나그네는 얼른 등나무의 덩굴을 타고 우물 안으로 들어갔다.

미친 코끼리는 무서운 어금니를 드러내고 우물 안을 들여다보고 있었다.

나그네가 다행이라고 생각하여 한숨을 내쉬자, 우물 밑바닥에서 무서운 큰 뱀이 입을 벌리고 나그네가 떨어지기를 기다리고 있었다. 너무나 놀라서 나그네가 주위를 둘러보니, 사방에는 네 마리의 독사가 당장이라도 그를 삼키려고 하였다.

생명을 의지할 곳은 단지 한줄기의 등나무 덩굴이었다. 그러나 그 덩굴도 자세히 보니 검은 쥐와 흰 쥐 두 마리가 번갈아 가며 갉아먹고 있었다. 나그네는 '이제 나의 삶도 여기서 끝나는구나!'라고 생각하였다.

그런데 등나무의 밑동에 있던 벌집에서 벌꿀이 한 방울, 두 방울, 세 방울, 네 방울, 다섯 방울 그의 입속으로 떨어졌다. 정말 감미로운 맛이었다. 그러자 나그네는 지금 자기가 처한 위험마저도 잊어버리고 단지 몇 방울의 벌꿀을 게걸스럽게 구걸하였다.”

'흑백이서'의 비유를 해설하자면 다음과 같은 내용이 아닐까 생각합니다.

우선 넓은 들판을 헤매는 '나그네'는 중생, 바로 우리 자신입니다. 그리고 나그네를 공격하는 한 마리의 미친 코끼리는 무상(無常)의 바람, 즉 흐르는 시간을 상징합니다.

또한 우물은 생사(生死)의 심연(深淵), 즉 우리의 삶과 죽음의 깊이를 말합니다. 이어서 우물 속에 있는 커다란 뱀은 죽음의 그림자입니다.

그리고 네 마리의 독사는 우리의 육체를 구성하는 4개의 원소, 즉 사대(四大)인 견고성[地性]·습윤성[水性]·열성[火性]·유동성[風性]입니다.

등나무의 덩굴은 우리의 생명, 즉 나를 지탱해 주는 생명의 밧줄입니다. 그리고 나의 생명줄인 등나무의 덩굴을 갉아 먹고 있는 흑백의 두 마리 쥐는

밤과 낮을 상징합니다. 이것은 검을 흑(黑), 흰 백(白), 두 이(二), 쥐 서(鼠), 즉 흑백이서라고 하여 '희고 검은 두 마리의 쥐'로 번역한 것입니다.

또한 다섯 방울의 벌꿀은 재산욕(財産欲)·성욕(性欲)·식욕(食欲)·명예욕(名譽欲)·수면욕(睡眠欲)인 5욕, 즉 우리의 욕망입니다.

독자 중에는 '흑백이서'의 비유를 사찰의 탱화로 본 사람도 있을 것입니다. 필자는 '흑백이서'의 비유를 탱화로 볼 때마다 어쩌면 이렇게 우리의 삶을 비유적으로 잘 설명했을까 탄복합니다.

그리고 부처님은 괴로움이 일어나는 원인, 즉 고집성제(苦集聖諦)에 대해 다음과 같이 말합니다.

"수행자들이여! 이것이 고집성제(Duḥkha-samudaya- ārya-satya)이다. 즉 재생(再生)의 괴로움에로 이끌려 기쁨과 성냄을 동반하고, 이것저것에 따라 마음이 춤추는 것에는 갈애(渴愛)가 있다."

이처럼 4성제에서는 괴로움(苦)의 원인(集)을 갈애(渴愛, tṛṣṇa) 때문이라고 합니다. 앞에서도 언급했지만, 다시 설명하자면 목마를 갈(渴), 사랑 애(愛)이므로 사막에서 물을 애타게 갈구하듯이, 애욕(욕망)을 갈망한다는 뜻입니다.

그리고 괴로움의 또 다른 원인은 무명(無明, avidya)입니다. 여기서 '명(明)'은 밝은 지혜를 상징하지만, 앞에 부정어 무(無)가 왔으므로 '밝은 지혜가 없다'는 뜻입니다. 즉 부처님의 가르침인 진리, 즉 4성제, 연기, 8정도, 3법인 등을 모르는 근본적인 무지몽매함에서 괴로움이 생긴다고 합니다.

고집성제(苦集聖諦)는 '괴로움이 일어나는 원인[集]에 관한 성스러운 진리'라는 뜻이다.

괴로움의 원인은 '갈애'와 '무명' 때문이다.

이 갈애가 괴로움을 일으키는 원인이고, 윤회를 반복하게 하는 원인이다.

욕망 중에서도 오욕(五欲)에 빠져 그것에 애착하고, 집착하기 때문이다.

우리들이 얼마나 오욕에 빠져 살아가고 있는 존재인지 경전의 '흑백이서(黑白二鼠, 희고 검은 두 마리의 쥐)'의 비유에 잘 나타난다.

고멸도성제란

고멸도성제(苦滅道聖諦)란 '괴로움을 멸할 수 있는 방법[道]에 관한 성스러운 진리'라는 뜻입니다. 여기서 도(道, mārga)는 이상[깨달음]을 실현하기 위한 '수단'이나 '실천 방법'을 말합니다. 그 구체적인 실천 방법은 8가지의 바른 길이라는 8정도(八正道) 또는 8가지의 성스런 길이라는 의미의 8성도(八聖道)입니다. 경전에서는 8정도를 다음과 같이 설명합니다.

 "수행자들이여! 이것이 고멸도성제(Duḥkha-nirodha-mārga-ārya-satya)이다. 즉 8정도인 정견(正見), 정사유(正思惟), 정어(正語), 정업(正業), 정명(正命), 정정진(正精進), 정념(正念), 정정(正定)이다."(『율장』「대품」1, 19-20)

부처님은 현실을 괴로움으로 파악합니다. 즉 고성제입니다. 그리고 그 원인이 무엇인가를 밝힙니다. 즉 고집성제입니다. 이어서 현실의 괴로움이 없어진 이상과 목적을 제시합니다. 즉 고멸성제입니다. 거기에 이르기 위한 수단[방법]을 우리에게 가르쳐 주고 있습니다. 즉 고멸도성제입니다.

또한 경전에서는 4성제를 의사와 환자의 비유로 곧잘 설명합니다. 물론 의사는 부처님이고 환자는 우리들, 중생입니다.

첫째는 괴로움으로 가득 찬 현실[고통]이 있다는 것입니다. 즉 질병[고성제]이 있다는 것입니다.

둘째는 괴로움이 일어나는 원인이 있다는 것입니다. 즉 질병의 원인[고집성제]이 있다는 것입니다. 예컨대 괴로움이 있다면 괴로운 원인이 있을 것이고,

감기에 걸렸으면 감기에 걸릴 만한 이유가 있다는 것입니다.

셋째는 이상을 실현하기 위한 실천[이것을 극복하는 방법]이 있다는 것입니다. 즉 감기를 치료하는 방법[고멸도성제]이 있다는 것입니다.

넷째는 괴로움의 원인을 없애고 얻어지는 이상적인 상태[극복될 수 있다는 것]입니다. 즉 건강을 회복한 상태[고멸성제]입니다.

이처럼 의사는 환자의 병을 치료하기 위해 먼저 병의 상태를 잘 관찰한 다음, 그 병의 상태로부터 원인이 무엇인지를 찾고, 그 원인을 제거하기 위한 투약·수술 등의 모든 수단을 강구합니다. 다만 질병을 치료하기 위해서는 의사와 환자 사이의 신뢰가 무엇보다 중요합니다. 환자가 의사를 신뢰하지 않고 자기 마음대로 한다면 병을 치료할 수 없습니다. 또한 의사도 환자의 병을 치료하기 위해 최선을 다하지 않으면 안 됩니다. 이처럼 의사와 환자가 서로 신뢰할 때 병[괴로움]도 낫게 되는 것입니다. 앞에서 이미 말씀드렸듯이, 여기서 의사는 부처님, 환자는 우리이고, 고쳐야 할 병은 인간의 괴로움입니다. 즉 환자가 의사를 신뢰해야 병을 낫는 것처럼, 괴로움에서 벗어나기 위해서는 부처님을 믿고, 부처님의 가르침을 이해하고, 실천해야 한다는 것입니다.

8정도

이제 고멸도성제의 구체적인 실천 방법인 8정도〔깨달음으로 가는 8가지 바른 길〕에 대해 알아보겠습니다. 경전〔중부경전(majjhima-nikāya), 141, 3권, 249-252〕에서는 8정도(八正道, SKT:āryāṣṭāṅgo-mārga, P:aṭṭhaṅgiko-maggo)를 다음과 같이 설명합니다.

- 정견(正見) : 바른 견해·파악·관점, 진실한 앎
- 정사(正思) : 감정에 지배되지 않는 바른 생각
- 정어(正語) : 거짓말 등 남을 나쁘게 말하지 않는 바른 언어적 표현
- 정업(正業) : 바른 신체적 행위
- 정명(正命) : 바른 생활
- 정정진(正精進) : 진리 추구에 대한 끊임없는 바른 노력
- 정념(正念) : 산란하지 않는 바른 주의·기억
- 정정(正定) : 삼매(samādhi)·선정(dhyāna)·바른 정신집중·정신통일

독자 여러분은 이 여덟 가지 항목을 보고 어떤 생각이 듭니까?

여러분 중에는 8정도를 도덕적인 생활 덕목을 열거한 것에 지나지 않는다고 생각한 사람도 있을 것입니다. 바른 견해를 몸에 익히고, 이것을 기초로 하여 바르게 생각하고, 바르게 말하고, 바르게 행동하고, 일상생활에서 부정(不正)하지 않고, 바르게 노력 정진하여, 이곳저곳에 마음을 빼앗기지 않습니다. 이렇게 한다면 인간으로서의 바른 삶의 방식이라고 말할 수 있습니다. 따라서 8정도는 특별한 것이 없다고 말할 수도 있을 것입니다.

만약 8정도에 대해 이와 같은 인상을 받았다고 해도 크게 잘못된 것은 아닙니다. 다만 '일상생활에서는 실천하기 어려운 것'이라고 생각한 사람이 있다면 앞의 생각보다는 한 발짝 나아간 이해라고 할 수 있습니다. 앞서 말했듯이 8정도는 일상생활의 지침이 될 수 있는 것으로서, 일상생활 속에서 이것이 실현된다면 무난한 인생을 살 수 있습니다.

그러나 여기서 주목할 것은 이 8정도가 단순히 일상생활의 차원이 아니라는 것입니다. 8정도는 더 높은 곳을 목표하고 있다는 것입니다. 즉 깨달음·열반·해탈이라는 이상을 목표로 하고 있다는 것입니다.

정정진은 8정도를 떠받치는 기둥이다

8정도의 여섯 번째에 '정정진(正精進)'이 있습니다. '바른 노력'이라는 뜻입니다. 필자는 나머지 일곱 가지 항목을 떠받치는 것이 정정진이라고 생각합니다. 왜냐하면 바른 견해(正見)가 이미 우리 몸에 배어 있다면 괜찮지만, 지금 나의 견해가 바르다는 보증은 없고 또한 바르지 않다고 한다면 시정하여 바른 견해를 갖기 위해 '정진(노력)'하지 않으면 안 되기 때문입니다.

또한 바른 생각, 바른 생활, 바른 말, 바른 신체적 행위, 바른 정신 집중도 마찬가지입니다. 그것들을 실현하기 위해서는 군인이 적진을 향해 돌진하듯이 용감하게 '정진'해야 합니다. 만약 노력하는 힘인 정진이 없으면 나약해져 낡은 인습에 얽매이기 때문에 평생토록 아무것도 성취할 수 없습니다. 그래서 유식 논서에서도 정진은 "게으른 마음 작용인 해태(懈怠)를 제거하고, 마음이 선에 용감하여, 선한 수행을 완성하는 역할을 한다."고 주석한 것입니다.

이처럼 정진(노력)이 있고 난 다음 비로소 바른 것이 얻어지고, 바른 것으로부터 보다 바른 것에로 나아갈 수 있는 것입니다. 또한 '바른 노력(정진)'의 항목은 지속가능성을 나타낸 것으로서, 이것은 궁극적인 목적(열반)이 달성될 때까지 지속해야 할 것입니다.

8정도에 '정(正)'이 붙은 이유

여기서 또 하나 주목할 점은, 여덟 가지 항목 전체에 '바른(正)'이라는 글자가 붙어 있다는 사실입니다. '바르다'라는 것은 '바르지 않다'의 반대말에 지나지 않지만, 어떤 견해나 사고방식 등이 바른지, 바르지 않은지를 우리는 어떻게 알 수 있을까요? 즉 어떤 것을 기준으로 정(正)과 부정(不正), 진(眞)과 위(僞), 선(善)과 악(惡)을 판단할 수 있느냐는 말입니다.

이것은 큰 문제입니다. 옛날부터 철학자들이 이 문제로 고민하였을 뿐만 아니라, 심지어 사리분별이 생기기 시작하는 어린아이에게도 이 문제는 고민의 대상입니다. 어린이는 부모가 좋다고 하거나, 좋지 않다고 말하는 것을 선악의 판단기준으로 삼습니다. 그런데 이 기준을 부모 자신이 깨는 경우가 오히려 많습니다. '친구들과 사이좋게 지내야 한다'고 아이에게 말하지만 입에 침이 마르기도 전에 부모들은 서로 언쟁을 하기도 합니다. 이것을 본 어린 가슴에 어른들은 종종 상처를 남깁니다. 어른들의 사회는 보다 복잡하고 심각한 양상을 띱니다. 다양한 가치관이 병존하는 현대사회에서 우리들은 무엇을 의지해야 좋을까? 모든 것이 혼란스러울 뿐입니다.

부처님 당시에도 다양한 가치관이 혼재하고 있었다는 점에서 현대사회와 크게 다르지 않았습니다. 인간의 고뇌를 해결한다는 깃발 아래 쾌락주의에서 금욕주의에 이르기까지 다양한 사상이 유행하고 있었습니다.

그러면 이런 상황에서 부처님은 도대체 무엇을 찾고자 한 것일까요? 그것은 바로 인간의 근원적인 고뇌를 해소할 수 있는 길(道)이었습니다. 단지 말로만이 아니라 우리가 실천할 수 있는 삶의 방식, 부처님은 인간 고뇌의 해결에 있어 현실적이지 않은 방식은 무의미하다고 보았습니다. 부처님이 추구한 인간 고뇌의 해결방식은 깨달음에 의해서 확인되는데, 그것이 바로 '8정도'입니다. 8정도는 부처님의 실천을 통하여 깨달음의 이상으로 나아가는 방법임이 증명되고, 그것이 초전법륜의 대상인 5비구에게 처음으로 전해진 것입니다. 이처럼 8정도는 아직 깨달음을 얻지 못한 5비구(우리)에게 인간의 근원적인 고뇌에 대한 해결 가능성을 제시한 동시에 고뇌 해결을 위한 도정(道程)을 가르쳐 준 것입니다. 그리고 이런 관점에서 보면 '바른'이라는 말은 그것이 고뇌의 해결로 향하는가, 그렇지 않은가를 판단하는 기준점이 된다고 할 수 있는 것입니다. 이런 의미에서 8정도 각각에 '바름(正)'이라는 의미가 오는 것은 중요한 것입니다.

그런데 이 여덟 가지 항목을 받아들이는 쪽(우리)은 아직 고뇌의 한가운데서 배회하고 있습니다. 그래서 그 하나하나의 행위가 바른지, 그른지를 판단하기가 쉽지 않습니다. 그러므로 부처님의 가르침을 믿고 하나하나 확인하면서 나아갈 수밖에 없습니다. 무반성적인 맹신이나 맹종에 빠져서는 안 됩니다. 무반성적이거나 무비판적이 되면 극단적인 쾌락주의나 금욕주의에 빠질 위험이 있습니다.

극단으로 치닫지 않는 '중도'로서의 8정도는 결국 이와 같은 무반성적이고 무비판적인 삶의 방식을 경계하기 위한 것입니다. '8정도'와 '중도'는 흐림이 없는 '눈을 열게 하고' '깊은 지혜(知)를 낳는다'고 합니다. 이 지혜의 눈은 우리의 살아가는 방법(모습)을 끝까지 지켜보게 함으로써 안일에 빠져 자기 멋대로 살지 않고, 육체와 정신을 괴롭히지 않도록 하여 언제나 이상으로 향하게 하고, 그 방향을 수정케 하는 지표의 역할을 합니다. 따라서 우리도 자신을 근본적으로 돌아볼 필요가 있습니다. 그리고 이 반성으로 나아가기 위한 모범 답안이 바로 부처님의 최초 설법인 '4성제'입니다.

고멸성제

고멸성제(苦滅聖諦)란 '괴로움의 소멸에 관한 성스러운 진리'라는 뜻입니다. 여기서 '멸(滅)'은 해소나 해결의 의미로 괴로움이 없어진 상태를 말합니다만, 범어 니로다(nirodha)는 '멸'이라는 의미보다는 괴로움을 제압·제어할 수 있는 힘이 있는 상태라는 뜻입니다. 이른바 감각기관을 제어하여 정신을 집중하는 것입니다. 부처님은 고멸성제에 대해 다음과 같이 말합니다.

"수행자들이여! 이것이 고멸성제이다. 즉 바로 이와 같은 갈애를 완전히 떠나 지멸[제어]하고, 그것으로부터 해방되어, 그것이 힘을 가지지 못하는 것이다."

앞에서 말했듯이 4성제의 첫 번째는 '괴로움'이라는 진리, 즉 고성제입니다. 그리고 두 번째는 '고집성제'입니다. 여기서 '집(集)'이란 '원인'의 의미로, '괴로움이 일어나는 원인에 관한 성스러운 진리'라는 뜻입니다. 고성제와 고집성제는 미혹한 세계의 인과관계를 밝힌 것으로, 집[원인]이 있기 때문에 괴로움이라는 결과가 초래된다는 것입니다.

그리고 깨달음의 세계에 있어서의 인과관계를 밝힌 것이 고멸성제와 고멸도성제입니다. 고멸도성제란 괴로움을 멸하는 방법[道]에 관한 성스러운 진리이고, 이 길[방법]을 통해서 완성한 깨달음, 즉 열반이 고성멸제입니다. 그러므로 고멸도성제가 원인이고 고멸성제가 결과입니다.

고멸성제(苦滅聖諦)란 '괴로움의 소멸에 관한 성스러운 진리'라는 뜻이다.
여기서 '멸(滅, nirodha)'이란 '해소'나 '해결'의 의미로 괴로움이 없어진
상태를 말한다.

고성제와 고집성제는 미혹한 세계의 인과관계를 설한 것이다.
고멸성제와 고멸도성제는 깨달음의 세계에서의 인과관계이다.
즉 괴로움을 해결하는 방법[道]을 걸어가서[고집도성제] 도달하는 깨달음,
즉 열반이 고멸성제이다.

그러므로 고멸도성제가 원인이고 고멸성제가 결과이다.

지혜도 얻음[소득]도 공하다

무지역무득 이무소득고(C:無智亦無得 以無所得故, SKT:na jñānaṃ na prāptiḥ. tasmād aprāptit-vād, E:there is no cognition, no attainment and no non-attainment)

지혜도 없고, 소득도 없다

앞에서 '모든 존재는 공하다'고 했습니다. 그러므로 부처님의 가르침인 5온도 없고, 12처도 없고, 18계도 없고, 12연기도 없고, 4성제도 없다고 깨달으면 '일체는 공이다'라는 것도 깨닫게 됩니다. 그런데 우리는 모든 존재가 공(空)함을 깨닫는 것이 '반야의 지혜'를 체득하는 것이라고 생각하여 곧바로 그 지혜(智)에 사로잡혀 버립니다. 그러나 처음부터 그러한 지혜는 없습니다. 지혜뿐만이 아닙니다. 이렇게 하면 필시 무언가 '소득(所得)'이나 이익·공덕이 있을 것이라고 생각하지만, 결국은 아무것도 없다는 것이 '무지역무득'입니다.

우리는 보통 불사나 보시를 하면 그 대가로서의 소득(공덕)이 있다고 생각합니다. 그러나 그런 '공덕은 전혀 없다'는 것이 『반야심경』의 가르침입니다. 그래서 『육조단경』에서는 "절을 짓고 승려를 공양하고 보시를 하고 재회를 연 것은, 그것이 복을 바라는 행위였으니, 복덕이 그대로 공덕이라고 생각해서는 안 된다. 공덕은 자기 법신 속에 있는 것이지, 복덕을 행하는 그것 속에는 없는 것이다."라고 하였던 것입니다.

또한 『금강경』에서도 가장 큰 공덕으로 아무 보답도 없는 '무주상보시'를 강조하고 있습니다. 무주상보시란 상[보시를 했다는 잘못된 생각]에 머물지 않는(無

住] 보시라는 뜻입니다. 이 상(相)에 머물지 않는 보시를 실천할 때 참다운 수행과 한량없는 공덕을 얻어 '아뇩다라삼먁삼보리[무상정등각]'라는 최고의 깨달음을 성취할 수 있다는 것입니다.

안면문답

현실에서 진정한 무소득이나 무주상보시를 실천하기란 쉽지 않습니다. 왜냐하면 좋은 일을 하든 나쁜 짓을 하든 언제나 집요하게 자기중심적으로 생각하는 심층의 마음인 제7 말나식이 늘 작동하여 방해하기 때문입니다.

여기서 잠시 청나라 시대의 유곡원이 쓴 '안면문답(顔面問答)'이라는 수필을 소개하고자 합니다. 안면이란 바로 우리 얼굴을 말합니다. 얼굴에는 입·코·눈·눈썹이 있습니다. 이 안면에 있는 입·코·눈·눈썹이 서로 묻고 질문한 내용을 담고 있는 것이 안면문답입니다.

거울로 자기의 얼굴을 보면 알 수 있듯이 얼굴의 가장 밑에 있는 것이 입(口)입니다. 그리고 그 위에 코와 눈이 있고, 가장 위에 눈썹이 있습니다. 그런데 입·코·눈이 가만히 보니, 눈썹은 가장 위에 있으면서도 아무런 역할도 하지 않는 존재로 보였습니다. 그래서 입·코·눈이 불만스럽게 눈썹에게 질문을 던집니다.

"너는 왜 우리 위에서 잘난 체하고 있어? 도대체 너는 어떤 쓸모가 있니?"

그러자 눈썹은 다음과 같이 답합니다.

"너희들은 각자 중요한 역할을 하고 있다. 입은 음식을 섭취하거나 숨을 쉬고, 코는 냄새를 맡고, 눈은 사물을 본다. 그대들의 노고에 참으로 감사한다.

그런데 새삼스럽게 너희들이 나의 역할에 대해 질문을 했다. 나는 몹시 부끄럽지만, 나 자신도 무엇을 하고 있는지 대답할 수가 없다. 단지 조상 대대로 이곳을 지키고 있을 뿐이다. 너희들에게 미안한 생각을 하면서 열심히 내자리를 지키고 있다. 너희들은 각자 자랑할 만한 역할을 가지고 있지만, 나는 자랑할 것이 아무것도 없다. 나의 역할이 뭐냐고 질문을 받을 때마다 뭐라고 대답할지 정말 모르겠다."

그리고 유곡원은 다음과 같은 말을 덧붙이고 있습니다.

"나는 오늘날까지 입·코·눈의 마음가짐으로 살아왔다. 그것은 잘못된 삶이었다. 앞으로 반드시 눈썹의 마음으로 세상을 살고 싶다."(김명우, 2002)

눈썹은 사실 입·코·눈과 비교하여 그 역할이 애매합니다. 눈썹은 언뜻 보기에 아무런 쓸모없는 존재로 보입니다. 그러나 우리 얼굴에 눈썹이 없다고 상상해보세요. 어떨까요? 쓸모없거나 쓰임이 없을 것〔無用〕 같지만, 반드시 쓰임이 있는 것〔用〕이 바로 눈썹입니다. 이런 눈썹의 자세가 바로 무소득이고, 무공덕의 공덕, 무용(無用)의 용입니다. 아마도 필자뿐만 아니라 독자 여러분도 지금까지 눈썹의 마음가짐보다는 입·코·눈의 자세로 세상을 살아왔을 것입니다. 눈썹의 마음으로 세상을 살면 어떻게 될까요? 아마도 '무소득'을 체험하게 되지 않을까 합니다.

이것으로 파사분(破邪分)에 대한 해설을 마칩니다. 다음은 공능분(功能分)입니다.

지혜도 없고 소득도 없다

깨달은 자의 입장에서 보면 모든 존재가 공(空)이라고 깨닫는 것이 '반야의 지혜'를
체득한 것이라고 생각하여, 곧바로 우리들은 그 지혜[智]에 사로잡혀 버린다.
그러나 그런 지혜라는 것은 없다. 또한 그것을 체득하면 무언가 '소득(所得)'이나 이익,
공덕이 있다고 생각하지만, 그것도 결국은 없다는 것이 '무지역무득(無智亦無得)'이다.

'안면문답(顏面問答)'이란 얼굴에 있는 입·코·눈·눈썹이 서로 묻고 질문한 내용이다.
입·코·눈이 보니, 눈썹은 가장 위에 위치하면서도 아무 역할도 하지 않는 존재로 보였다.
그러나 쓸모없거나 쓰임이 없을 것[無用] 같지만, 반드시 쓰임이 있는 것[用]이 바로
눈썹이다. 이런 눈썹의 자세가 바로 무소득이고, 무공덕의 공덕, 무용(無用)의 용이다.

229

제5장

공능분(功能分) 을 해설하다

보리살타. 의반야바라밀다고. 심무가애. 무가애고. 무유공포. 원리전도몽상. 구경
열반. 삼세제불. 의반야바라밀다고. 득아뇩다라삼먁삼보리.

菩提薩埵. 依般若波羅蜜多故. 心無罣礙. 無罣礙故. 無有恐怖. 遠離顚倒夢想. 究竟
涅槃. 三世諸佛. 依般若波羅蜜多故. 得阿耨多羅三藐三菩提.

보리살타는 반야바라밀에 의지하기 때문에 마음에 가애가 없다. 가애가 없기 때문에 두
려움도 없고, 전도몽상도 멀리하여 최상의 열반에 들었다. 삼세의 모든 부처도 완전한
지혜〔반야바라밀〕에 의지하기 때문에 최고의 깨달음〔무상정등각〕을 얻었다.

보살은 반야바라밀다에 의지하므로 마음에 장애가 없다

보리살타 의반야바라밀다고 심무가애(C: 菩提薩埵 依般若波羅蜜多故 心無罣礙, SKT: bodhisattvāvāṃ prajñāpāramitām āśritya viharaty acitta-āvaraṇaḥ, E: A man, through having relied on the perfection of wisdom of bodhisattva, dwells without thought-coverings)

마음에 장애가 없다

우선 이 경문은 '보리살타는 반야바라밀다에 의지하기 때문에 마음에 가애〔장애〕가 없다'고 합니다. 먼저 현장 스님의 한역에서 가애(罣礙)의 '가(罣)'는 본래 걸 괘(罣)자이지만, '가'라고 읽습니다. '가(罣)'라는 글자는 '고기를 잡는 그물'을 가리킵니다. 그물은 물고기가 바다에서 헤엄치는 것을 방해합니다. 또한 '애(礙)'라는 글자도 '장애·방해'라는 의미입니다.

따라서 '가애가 없다'는 것은 '아무 걸림 없이 움직일 수 있다'는 것입니다. 이른바 어떠한 것에도 구속되지 않고 사로잡히지 않는, 순조롭고 자유롭게 움직일 수 있는 것입니다. 금전을 구하고, 명예를 구하고, 권세를 구하는 사람은 아무래도 '가애'가 없다고 할 수 없습니다.

구함이 없는 사람이야말로 걸림이 없는 '무애(無礙)의 사람'이 될 수 있습니다. 따라서 걸림이 없고, 자유롭게 움직일 수 있는 것은 구함이 없는 사람에게만 가능합니다. 이런 사람을 우리는 대자유인이라고 부르기도 하고, 대도무문(大道無門)하는 사람이라고도 합니다. 『반야심경』에서는 이런 사람을 보살이라고 합니다.

마음에 장애가 없다

가애(罣礙)란 '장애·방해'라는 의미.
'가애가 없다'는 것은 '아무 걸림이 없다'는 것이다.

이런 사람을 무애인(無礙人), 대자유인, 대도무문(大道無門)하는 사람이라고 한다.
『반야심경』에서는 이런 사람을 보살이라고 함.

무소의 뿔처럼 혼자서 가라

필자는 『반야심경』의 이 구절(마음에 장애가 없다)을 암송할 때마다 다음과 같은 『숫따니빠따』의 가르침이 생각납니다.

> "홀로 걸어가고, 게으르지 않으며, 비난과 칭찬에도 흔들리지 않고, 소리에 놀라지 않는 사자처럼, 그물에 걸리지 않는 바람처럼, 진흙에 더럽히지 않는 연꽃처럼, 무소의 뿔처럼 혼자서 가라."

법정 스님도 『숫따니빠따』 서문에서 이 구절을 가장 좋아한다는 말을 남기고 있습니다. 필자도 이 부처님의 가르침을 되새기며 삶의 지침서로 삼고 있습니다. 아마도 독자 여러분 중에도 이 가르침을 좋아하는 사람이 많지 않을까 합니다. 그런데 우리는 코뿔소(무소)처럼 친구나 가족도 없이 홀로 평생을 살아가기는 힘듭니다. 하지만 부처님은 전도를 떠나는 제자들에게 "수행자들이여! 유행하라. 많은 사람의 행복을 위해서, 많은 사람의 안락을 위해서, 세계를 위해서라고 생각하고, 인간과 신들의 이익·행복·안락을 위해서 두 사람이 함께 가서는 안 된다."라고 말하고 있습니다.

홀로 살면서 열심히 사는 것은 더 힘듭니다. 즉 '게으르지 않게' 열심히 정진하기가 쉽지 않다는 것입니다. 또한 '남의 비난이나 칭찬에 흔들지 않는 것'도 쉽지 않습니다. 우리는 일상적으로 남의 말 한마디에 울고 웃는 주체성 없는 삶을 영위하면서 남의 칭찬에는 쉽게 기분이 좋아지고, 비난에는 금방 화를 내는 존재입니다. 그리고 자기에게 조금만 손해가 가면 아무리 사소한 일이라도 마치 사슴이 조그만 소리에 놀라듯이 민감하게 반응하며 절대로 손해를 보지 않으려고 합니다. 또한 시선이 자기 내면이 아니라 '다른 사람은 나를 어떻게 볼까?'를 생각하며 늘 타인에게 향해 있기 때문에 남의 말에 민감하게 반응하여, 숲속의 조그만 소리에 전혀 신경 쓰지 않는 '사자처럼' 살기가 더욱 힘듭니다. 그래서 삶의 여유도 없고, 어떤 그물에도 걸리지 않는 '바람처럼' 유유자적한 삶도 기대할 수 없는 것입니다.

특히 세상 사람들이 욕망에 사로잡혀 질주하는 자동차처럼 앞만 보고 달려가고 있는데, 자기 혼자 '연꽃처럼' 주위에 물들지 않고 더럽히지 않으면서 고고한 척 살아가기는 더더욱 어렵습니다. 그래서 우리는 세상과 적당히 타협하고 나의 실리를 챙기면서 살아가는 것이 현명한 삶이라고 스스로 자위하면서 살아갑니다. 게다가 주위 사람이나 자식에게 자신과 같은 삶을 살라고 강요까지 합니다. 만약 그러지 않는 사람을 만나면 세상에 적응하지 못하는 사람으로 낙인찍고 무시합니다.

또한 부처님은 '무소의 뿔처럼 가라'고 합니다. 인도의 코뿔소〔무소〕는 아프리카의 코뿔소와 달리 뿔이 하나입니다. 그리고 생식 기간 이외에는 수놈과 암놈이 같이 지내지도 않아, 평생을 홀로 사는 대표적인 동물입니다. 부처님은 바로 이러한 코뿔소에 비유하여 우리에게 '코뿔소처럼 혼자서 살아가라'고 하는 것입니다. 즉 부처님은 우리의 현실적 삶과 대비되는 '대도무문'의 삶을 요구하고 있는 것입니다.

한역과 범문의 차이

한역과 범문을 비교해 보면, 범문의 '보디사뜨와(bodhisattva)'를 '보리살타'로 음사하지만, 깨달음을 위해 노력하는 자·구도자, 한자로 각유정(覺有情)이라고도 합니다. 그런데 보살은 혼자 깨달음을 얻기 위해 노력하는 사람, 즉 자리행만 실천하는 자가 아닙니다. 자리행과 더불어 모든 사람과 함께 깨달음의 세계에 이르기를 서원하고 이타행을 실천하는 자입니다. 이러한 보살의 정신을 '자리이타'라고 하고, 다른 말로 '상구보리 하화중생'이라고 하는 것입니다.

그리고 심무가애(心無罣礙)는 범어 아-치따-아와라나하(a-citta-āvaraṇaḥ)의 번역인데, '아[a]'는 부정(not)이며, '치따(citta)'는 마음[心], 아와라나(āvaraṇa)는 장애·덮개 등의 뜻입니다. 그래서 '마음에 장애가 없다'고 번역합니다.

한역에서는 아와라나(āvaraṇa)를 '가애'라고 번역했지만, 보통은 장(障)·장애(障礙)라고 한역합니다. 우리에게 익숙한 장(障)의 용례는 업장(業障)이 아닐까 합니다.

이 구절의 범문을 해석하면 '모든 보살의 반야바라밀다에 의지하여 그[인간]는 마음의 장애도 없이 안주하고 있다'는 의미가 됩니다. 그러나 한역에서는 '보리살타는 반야바라밀다에 의지하는 까닭에 마음에 가애[장애]가 없다'라고 하여, 보살이 주어가 되어 있습니다. 뮐러 박사는 이 구절을 'A man who has approached the prajñāparamitā of the bodhisattva dwells enveloped in consciousness'라고 영역하고 있습니다.

무소의 뿔처럼 혼자서 가라
'장애가 없기 때문에 두려움이 없다'를 암송할 때마다 『숫따니빠따』의

"홀로 걸어가고 게으르지 않으며, 비난과 칭찬에도 흔들리지 않고, 소리에 놀라지 않는 사자처럼, 그물에 걸리지 않는 바람처럼, 진흙에 더럽히지 않는 연꽃처럼, 무소의 뿔처럼 혼자서 가라."는 부처님의 가르침이 생각남.

이처럼 부처님은 우리의 현실적 삶과 정반대되는 '대도무문'한 삶을 요구하고 있음.

마음에 장애가 없기에 두려움도 없다

무가애고 무유공포(C:無罣礙故 無有恐怖, SKT: acitta-āvaraṇa-nāstitvād atrasto, E:in the absence of thought-coverings he has not been made to fear)

두려움이 없는 사람이란?

『반야심경』에서는 번뇌장과 소지장의 장애, 즉 마음의 장애가 없는 사람은 공포〔두려움〕가 없다고 합니다. 그리고 『법구경』에서는 두려움이 없는 사람을

> "마음에 번뇌〔漏〕가 없으며, 사념(思念)이 어지럽지 않고, 선악의 분별을 버려서 각성한 사람에게는 두려움〔공포〕이 없다"

고 정의하고 있습니다. 여기서 누(漏)란 5가지 감각기관, 즉 5근으로부터 번뇌가 스며들기 때문에 번뇌라고도 합니다. 우리의 정신적 에너지는 방대하지만, 대부분 바깥의 일이나 사물로 향하여 방출하며 낭비하고 있습니다. 가장 크게 낭비하는 것은 눈의 감각기관일 것입니다. 따라서 눈을 반쯤 감고 앉아 요가나 좌선을 하면 에너지의 낭비를 줄일 수 있습니다. 에너지의 지나친 낭비는 병을 생기게 합니다.

오늘날의 젊은이들은 여러 가지 마음의 병을 가지고 있습니다. 필자도 최근 몇몇 사람들로부터 고민을 듣고, 결벽증에 걸린 젊은이가 의외로 많다는 사실에 놀랐습니다. 결벽증에 걸리면 집에 은둔하게 되고 외출을 할 수 없게 됩니다. 외출하려면 대단한 결심이 필요하며, 외출하고 돌아와서는 몸에 걸

친 모든 것을 곧바로 세탁한다고 합니다. 이처럼 결벽증은 '더럽다'는 생각이 원인이 되어 세상 밖으로 나가지 못하는 병입니다. 결국 결벽증은 눈이나 귀, 피부의 감각이 지나치게 작동한 결과라고 할 수 있습니다.

하여튼 우리는 5가지의 감각기관을 통해 생긴 5식(五識)에 의해 에너지를 흘려보내고 있습니다. 5식만이 작동하고 있는 것이 아니라 감각을 통제하는 마음인 의식(제6 의식)이 함께 작동하고 있습니다.

『법구경』에는 반복해서 '자신을 통제하라'고 말하고 있는데, 이처럼 자신을 통제하기 위해서는 의식에 대한 운용이 중요합니다. 의식은 말(馬)을 모는 기수와도 같습니다. 기수가 말을 잘 조절하듯이, 의식으로 하여금 5근과 5식을 잘 조절하도록 하는 것이 필요합니다. 그러면 이 의식의 작동을 어디로 향하게 해야 할까요?

여기서 집중하는 마음 작용으로서의 '염(念)'이 중요한 역할을 하게 됩니다. 유식에서는 '명기불망(明記不忘)' 또는 '명심기불망(明審記不忘)'이라고 하여, 염이란 '과거에 경험한 것을 분명하고 자세하게 기억하여 잊지 않는 것'이며, 대상에 집중하는 마음작용인 정(삼매)은 염을 기반(의지)으로 생긴다고 합니다. 그리고 염은 선악 양쪽으로 작용하는데, 어떤 것에 계속해서 집착하고 기억하고자 한다면 그것은 집착하는 염(執念)이며, 누군가를 미워하거나 원한을 품어 계속해서 잊지 않고 기억하는 것은 원망이나 원념(怨念) 등의 나쁜 염(念)입니다. 반면 부처님의 가르침이나 진리를 계속해서 기억하고자 하거나, 부처님에게 진심으로 염불하거나 염원하는 것은 좋은 염(念)입니다.

부처님은 제자들에게 '염에 의해 근(根)을 지키라'고 당부하고 있습니다. 예컨대 부처님은 탁발 도중 어떤 여성을 보고 번뇌가 일어나 괴로워하는 제자에게 '여자를 보지 말라'고 하였는데, 시각(안근)을 통해서 번뇌가 흘러들어오기 때문에 그렇게 말한 것입니다.

다음으로 '사념(思念)이 어지럽지 않고'라는 구문을 살펴보겠습니다. 『법구경』에 의하면 '사념'이란 넓은 의미로는 마음 작용이라고 할 수 있지만, 좁은 의미로는 '의지(意志)'를 가리킵니다. 이 말의 범어는 '체따나(cetanā)'로서, 사(思)·의념(意念)·사념(思念)이라고 한역합니다. 사(思)는 좋은 생각이든 나쁜 생각이든 의지적인 마음작용인데, 이것은 우리의 마음을 선·악 또는 무기로 물들이는 마음작용입니다. 다시 말해 선한 의지로 마음을 작용시키면 선업이 생기고, 악한 의지로 마음을 작용시키면 악업이 생기는 것입니다. 그리고 사(思)는 자기가 인식한 대상에 대해 행위를 일으키는 마음작용입니다. 예를 들면 마치 자석〔대상〕의 움직임에 따라 철〔마음〕이 움직이는 것과 같습니다. 이처럼 마음 작용 중에서 가장 중심적이고 중요한 작용은 어떤 목적을 가지고 거기로 향하는 행위를 일으키는 '의지'입니다.

따라서 '사념(思念)이 어지럽지 않다'는 것은 어떤 목표를 향한 의지가 확실하게 정해져, 마음이 어지럽지 않다고 해석할 수 있습니다. 표층의 마음 영역에서 말하면, 조용히 앉아 날숨·들숨과 하나가 되는 것, 또는 어느 한 곳에 생각을 집중해서 마음이 바깥으로 흐르지 않게 하는 것이 '사념(思念)이 어지럽지 않다'는 뜻입니다. 그러나 표층심〔제6 의식〕이 어지럽지 않게 되기 위해서는 심층심〔제8 아뢰야식〕이 듬직하게 안정되지 않으면 안 됩니다. 마음이 어지럽지 않다는 것은 바로 이런 상태를 말하는 것입니다. 이처럼 『법구경』에서는 마음에 번뇌가 없고, 의지가 확고한 사람, 그리고 선악의 이분적 사고에서 벗어나 진리를 깨친 사람은 공포가 없다고 합니다.

공포가 없는 사람이란
『법구경』에서 두려움이 없는 사람이란

마음에 번뇌[漏]가 없으며,
사념(思念)이 어지럽지 않고,
선악의 분별을 버려서
각성한 사람에게는
두려움[공포]이 없다.

즉 『법구경』에서는 마음에 번뇌가 없고, 의지가 확고한 사람,
그리고 선악의 이분적 사고에서 벗어나, 진리를 깨친 사람은 공포가 없다고 한다.

『범망경』의 가르침

경전을 읽다가 좋은 구절이 있어 독자 여러분과 공유하고자 합니다. 동서고금을 통해 자기 생각, 자기 종교만이 소중하고, 남의 생각이나 종교를 무시하거나 틀렸다는 우상(선입견, 편견)에 사로잡힌 사람이 많습니다. 그로 인해 타인의 생각(가치관)을 가치 없는 것으로 치부하거나 남의 종교를 함부로 비난하는 사람이나 종교인들이 활개치고 있습니다. 부처님은 이런 편협한 생각을 경계하라고 수없이 되풀이하고 있는데, 그 가르침을 잠깐 인용하도록 하겠습니다.

"불교가 다른 사람으로부터 비방 받아도, 그것에 대해 성내거나 슬퍼할 필요가 없다. 또한 다른 사람에게 칭찬받아도 너희들은 기뻐해서도 안 된다. 타인의 의견에 감정이 따라 움직이게 되면 바른 판단을 내릴 수 없다. 언제나 냉정하게 사물을 관찰하고, 무엇 때문에 바르고, 그른가? 그 이유를 바르게 검토하여 진실한 모습을 파악할 필요가 있다."

이 경문을 보면, 부처님이 얼마나 합리적인 사상의 소유자였는지를 알 수 있을 것입니다. 따라서 우리도 부처님의 가르침을 거울삼아 그런 행위를 경계하고 또 경계하여, 이웃 종교처럼 자기 종교만이 옳다는 편협한 생각에서 벗어나야 할 것입니다. 특히 지금 세계에서 벌어지고 있는 분쟁이나 싸움은 대부분 이런 편협된 생각을 가진 종교나 집단에서 비롯된다는 것은 독자들께서도 익히 잘 알고 있을 것입니다.

『범망경』에서는 자기 생각, 자기 종교만이 소중하다고 생각하는 우상[선입견, 편견]에 사로잡힌 사람에게 다음과 같은 가르침을 주고 있다.

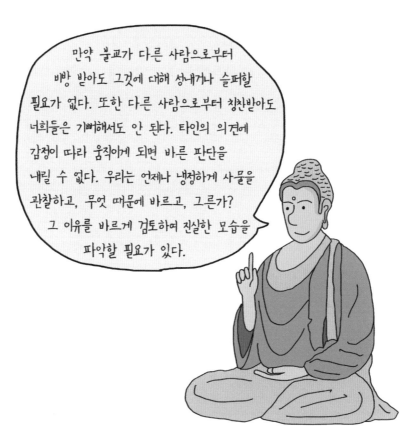

만약 불교가 다른 사람으로부터 비방 받아도 그것에 대해 성내거나 슬퍼할 필요가 없다. 또한 다른 사람으로부터 칭찬받아도 너희들은 기뻐해서도 안 된다. 타인의 의견에 감정이 따라 움직이게 되면 바른 판단을 내릴 수 없다. 우리는 언제나 냉정하게 사물을 관찰하고, 무엇 때문에 바르고, 그른가? 그 이유를 바르게 검토하며 진실한 모습을 파악할 필요가 있다.

전도몽상을 벗어나다

원리전도몽상이란 '전도몽상을 멀리하다'라는 뜻입니다. 먼저 원리란 '멀리 떠났다'는 의미입니다. 전도란 '사물을 거꾸로 본다'는 뜻입니다. 마치 실재하지 않는 사물을 존재하는 것처럼 보는 것을 말합니다. 즉 잘못된 앎입니다. 몽상이란 '꿈속에서의 생각'이라는 말로, 이른바 없는 것을 있다고 생각하는 미혹입니다. 일종의 환각이나 착각입니다.

예를 들면 어두운 밤길을 가다가 유령을 봤을 경우, 사실은 바람에 움직이는 마른 억새풀을 유령으로 착각했을 수도 있습니다. 이런 착각은 유령으로 본 것이 마른 억새풀이라는 것을 알지 못했기 때문에 일어나는 일종의 환각입니다. 그러나 자세히 보면 유령이 아니라 마른 억새풀이라는 것을 알게 됩니다.

그런데 범문을 해석하면 '전도를 초월하다'는 의미가 됩니다. 즉 마음에 장애〔가애〕가 없기 때문에 두려움이 없고, 바르게 사물을 볼 수 없는 일체의 미혹〔전도몽상〕을 벗어났다는 것입니다. 그런데 범문의 경우 '전도(viparya)'라는 말은 있지만, '몽상'에 해당하는 말이 없습니다. 한역자인 현장 스님이 몽상을 부가하여 한역한 것 같습니다. 아마도 단순히 전도라고 하면 이해하는 데 어려움이 있었기 때문이 아닐까 합니다.

원리전도몽상이란 '전도몽상을 멀리하다'라는 뜻이다.

전도란 '사물을 거꾸로 본다'는 뜻이다.

실재하지 않는 사물을 존재하는 것처럼 보는 것을 말한다.

즉 잘못된 앎[인식]적 잘못이다.

몽상이란 '꿈속에서의 생각'이라는 말로,

없는 것을 있다고 생각하는 미혹이다. 일종의 환각이나 착각이다.

즉 '없는 것을 있다고 하는 전도몽상에서 멀리 벗어났다'는 뜻이다.

범문에는 '몽상'에 해당하는 말이 없다. 한역자가 몽상을 부가하며 한역한 것이다.

전도란 상락아정이다

불교에서 말하는 대표적인 전도(顚倒)는 '상락아정(常樂我淨)'의 4가지입니다. 불교에서는 모든 존재는 무상·고·무아·부정이라고 합니다. 그럼에도 우리는 '상락아정'이라고 잘못 생각한다는 것입니다. 이것을 '4전도'라고 합니다.

상이란 존재하는 모든 것은 무상함에도 불구하고 영원하다는 잘못된 생각입니다. 낙이란 인간은 괴로운 존재임에도 불구하고 즐겁다는 잘못된 생각입니다. 아란 존재하는 모든 것은 자기의 본질이 없음[무아]에도 불구하고 자아가 있다고 집착하는 잘못된 생각입니다. 정이란 부정(不淨)과 정(淨)은 불이(不二)임에도 불구하고 청정에 집착하고 더러움[부정]에 집착하는 잘못된 생각입니다. 이 상락아정을 전도라고 합니다. 이 상락아정 때문에 괴로움이 생겨 우리의 삶은 힘듭니다. 『반야심경』의 이 구절은 이런 전도몽상에서 벗어났다는 것입니다.

또한 앞에서 설명한 것처럼 전도라는 것은 '일체 사물을 거꾸로 본다'는 의미도 있습니다. 존재하지 않는 사물을 마치 존재하는 것처럼 보는 것입니다. 이것을 '증익(增益)의 전도'라고 합니다. 한역에서 말하는 몽상(夢想), 즉 꿈속에서의 생각입니다. 유식의 용어로 말하면 '변계소집성'입니다. 반면 '있는 것을 없다'고 하는 잘못된 생각을 '손감(損減)의 전도'라고 합니다. 그리고 이러한 증익과 손감의 전도를 떠나 사물을 보는 것을 '중도'라고 합니다.

대표적인 전도(顚倒)는 '상락아정(常樂我淨)'이다.
즉 존재하는 모든 것은 무상함[제행무상]에도 불구하고 영원하다고 하고,
인간은 괴로운 존재임에도 불구하고 즐겁다고 생각하고,
존재하는 모든 것은 자기의 본질이 없음[제법무아]에도 불구하고 자아가 있다고
생각하고,
부정(不淨)과 정(淨)은 불이(不二)임에도 불구하고
청정에 집착하고 더러움[부정]에 집착하는 것을 말한다.

이 상락아정을 전도라고 한다.
『반야심경』에서는 이런 전도몽상에서 벗어났다는 것이다.

깨달음의 세계[열반]에 들어가다

열반이란?

이 구절에서는 이와 같다면 불교의 궁극적 목적인 열반에 도달한다고 말하고 있습니다. 즉 일체의 모든 번뇌나 미혹으로부터 완전하게 벗어난다는 것입니다.

열반은 빨리어로 닙바나(nibbāna), 범어로 '니르와나(nirvāṇa)'라고 하는데, 열반이란 빨리어 닙바나를 음사한 것입니다. 범어 니르와나란 '사라지다, 없어지다'라는 뜻의 부정 접두어 '니르(nir)'와 동사어근 √vā(불타다)＋명사화시킨 '아나(ana)'로 구성된 단어입니다. 그래서 니르바나를 번역하면 '불이 꺼진 상태' 또는 '열이 내려서 건강이 회복된 상태'라는 의미입니다. 불은 장작이 없으면 꺼져버리는데, 인간의 경우 장작에 해당하는 것이 탐욕〔貪〕·분노〔瞋〕·어리석음〔癡〕으로 대표되는 3독이고, 불은 번뇌를 상징합니다.

그리고 구경이란 최상(最上)·궁극·종극(終極)·최후라는 뜻으로 해석하기도 합니다. 그러므로 구경열반은 인간에게 있어서는 근원적인 고뇌로부터 해방된 자유자재한 최고의 경지이고, 그 경지는 '적정(寂靜)' 이른바 평화 그 자체입니다. 그래서 '니르와나'를 한자로 적멸(寂滅)·원멸(圓滅)·적정·안온(安穩) 등으로 한역하기도 하는데, 우리의 미혹된 마음, 즉 망상이나 번뇌의 불을 끈 '대안락(大安樂)의 경지(境地)'입니다.

'일체의 모든 번뇌나 미혹으로부터 완전하게 벗어났다[구경열반]'는 뜻이다.
열반이란 빨리어 닙바나를 음사한 것으로, '불이 꺼진 상태' 또는 '열이 내려서 건강이
회복된 상태'라는 의미이다.
열반을 적멸(寂滅)·원멸(圓滅)·적정·안온(安穩) 등으로 한역하는데, 망상이나
번뇌의 불을 곤 '대안락(大安樂)의 경지(境地)'를 말함.

유여열반과 무여열반

대승불교에서는 열반을 유여열반(有餘涅槃)과 무여열반(無餘涅槃)으로 구분합니다. 유여열반이란 일체의 번뇌를 없애고 미래의 생사 원인을 없앤 자인데, 다만 육체는 가지고 있습니다. 즉 육체를 가지고 살아 있는 그대로 도달한 열반입니다. 또한 유여의열반(有餘依涅槃)이라고도 합니다. 여기서 '의(依)'란 육체를 의미합니다. 그래서 '육체를 가지고 살아있는 그대로 도달한 열반'이라고 한 것입니다.

반면 무여열반은 모든 번뇌를 끊고 육체도 없앤 상태를 말합니다. 다른 말로 하면 번뇌를 완전하게 없앤 죽음을 의미하며, 진리와 완전하게 일체가 되었다는 의미입니다. 부처님이 돌아가신 후 제자들은 부처님이 바로 이러한 열반에 들어갔다고 생각하였습니다. 그래서 부처님의 죽음을 대반열반(大般涅槃), 즉 완전한 열반 또는 무여열반이라고 합니다. 또는 무여의열반(無餘依涅槃)이라고도 합니다.

참고로 유식에서는 유여열반과 무여열반을 진정한 열반이 아니라고 보고, 번뇌장뿐만 아니라 소지장을 끊음으로 나타나는 '무주처열반'을 주장합니다. 다시 말해 진여를 덮고 있는 장애가 끊어지면 진여가 전면적으로 나타나 생사와 열반에 구애되지 않는 삶의 방식이 전개되어 진정한 의미의 열반에 도달할 수 있다는 것입니다.

그리고 이런 열반으로 사는 사람을 '상구보리 하화중생'이라는 2대 서원을 가지고 살아가는 보살이라고 보았습니다. 그래서 대승불교에서는 이런 서원을 가지고 살아가는 '보살도'를 강하게 선양(宣揚)했던 것입니다.

유여열반과 무여열반

유여열반이란 일체의 번뇌를 없애고 미래의 생사 원인을 없앤 자이지만,
육체를 가지고 살아 있는 그대로 도달한 열반을 말함.
무여열반이란 모든 번뇌를 끊고 육체도 없앤 상태를 말한다.
즉 번뇌를 완전하게 없앤 죽음을 의미하며, 진리와 완전하게 일체가
되었다는 것이다.
유식에서는 무주처열반을 주장한다.

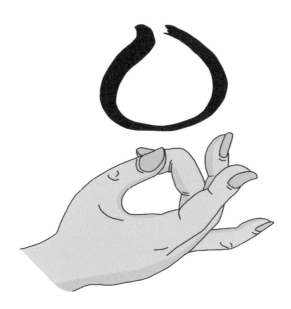

삼세제불

삼세제불(C:三世諸佛, SKT:try-adhva-vyavasthitāḥ sarva-buddhāḥ, E:all buddhas of the past, present and future)

한역의 '삼세제불'에서 삼세란 과거·현재·미래를 말합니다. 그리고 '제불'이란 '모든 부처님', 즉 삼세에 계시는 무량한 부처님을 가리킵니다.

부처님은 과거·현재·미래의 삼세에 계십니다. 먼저 과거의 부처님은 과거에 출현하여 진리를 설하며 중생을 인도한 부처님입니다. 이른바 '과거 7불'입니다.

그리고 미래에 출현하여 진리를 설하며 중생을 인도할 부처님이 바로 미륵불입니다. 미륵불은 현재 미륵보살로서 수행 중입니다. 미륵불은 현재의 석가모니 부처님이 입멸하고 56억 7천만 년 후 이 세상에 출현할 부처님입니다.

그리고 현재의 부처님은 석가모니 부처님입니다. 이런 의미에서 대승불교는 시방삼세에 부처님이 있다고 한 것입니다.

그런데 독자들께서 유의할 점이 있습니다. 부처님은 기독교의 유일무이한 궁극적 존재이자 절대인 신(God)과 다르다는 것입니다. 부처님은 '언제나 계속해서 존재하는 진리를 깨달은 분'이라는 것입니다.

사족이지만 범문을 해석하면, '삼세에 거주하고 있는 일체의 부처님들'이라고 번역할 수 있습니다. 이것을 현장 스님은 '삼세제불'이라고 한역했습니다.

삼세란 과거·현재·미래를 말하며,
제불이란 무수한 부처님들을 가리킴.

과거 부처님은 과거 7불
미래 부처님은 미륵불
현재 부처님은 석가모니 부처님
이런 의미에서 대승불교에서는 시방 삼세에 부처님이 계신다고 함.

반야바라밀다에 의지하여 무상등정각을 얻다

의반야바라밀다고(C:依般若波羅蜜多故. SKT:prajñāpāramitām āśritya, E:because they have relied on the perfection of wisdom)

득아뇩다라삼먁삼보리(C:得阿耨多羅三藐三菩提, SKT:anuttarāṃ-samyaksambodhim-abhisam-buddhāḥ, E:have awake to the utmost, right and perfect enlightenment)

앞에서 말했듯이, 부처님은 석가모니뿐만 아니라 과거·현재·미래에 걸쳐 출현합니다. 이 말을 『반야심경』에서는 아주 간단하게 '삼세제불'이라고 했습니다. 그리고 그 모든 부처님은 반드시 반야바라밀다[지혜의 완성]를 실천·수행하여[의반야바라밀다고] 아뇩다라삼먁삼보리[무상정등각]를 얻어[득] 부처님이 되었다는 것이 위 경문의 내용입니다. 이런 의미에서 반야바라밀다는 부처님을 태어나게 한 어머니[母], 즉 각모(覺母)입니다.

이어서 조금 어려운 감이 있지만, '득아뇩다라삼먁삼보리'의 범문과 한역을 비교해서 살펴보겠습니다. 어렵다고 느끼시면 생략해도 좋습니다.

먼저 한역의 아뇩다라삼먁삼보리(阿耨多羅三藐三菩提)란 범어 '아눗따랑 삼먁 삼보딤(anuttarāṃ-samyak-sambodhim)'을 음사한 것입니다. 여기서 아뇩다라란 범어 '아눗따라(anuttara)'를 음사한 것입니다. 아눗따라란, 'an(無)-uttara(上)', 즉 부정어 'an(無)'에 '위(上)'라는 뜻의 웃따라(uttara)가 첨가된 말입니다. 번역하면 더 이상 위가 없다, 즉 '무상(無上)'이라는 뜻입니다.

다음으로 '삼먁(三藐)'은 범어 '삼야끄(samyak)'를 음사한 것입니다. 삼야끄는 '바르다·올바르다'는 뜻으로, 한역에서는 정(正)이라고 하였습니다.

그리고 삼보리는 범어 삼보디(sambodhi)의 음사입니다. 범어 삼보디에서 접두어 '삼(sam)'은 '완전한·함께·등(等)'의 의미이며, '보디(bodhi)'는 '깨달음〔覺〕'이라는 뜻입니다. 다만 한역에서 '삼보리(三菩提)'라고 음사했다고 해서 '삼(三)의 깨달음'으로 번역해서는 안 됩니다. 여기서 삼보리란 모든 지혜가 모여 있다는 의미로 '두루 알다·한결같이 깨닫다'로 번역해야 합니다. 그래서 삼보리를 '변지(遍知)', '등각(等覺)' 등으로 한역하기도 합니다. 그리고 이런 의미에서 아뇩다라삼먁삼보리를 무상정변지(無上正遍知) 또는 '가장 최상의 진실한 깨달음'이라는 뜻의 무상정등각(無上正等覺)으로도 한역합니다. 특히 무상정등각은 부처님의 깨달음을 상징하는 말이기도 합니다.

마지막으로 '아비삼붓다〔abhi(이르다)＋sam(완전하게)-√budh(깨닫다)〕'는 일반적으로 보리수나무 아래에서 진리를 체득한 부처님의 깨달음〔成道〕을 말합니다. 그래서 필자는 범본의 의미를 살려 '완전하게 깨달음에 이르다〔도달하다〕'라고 번역합니다. 그런데 현장 스님은 정확한 이유를 알 수 없지만, '아비삼붓다'를 '득(得)'이라고 한역하였습니다.

따라서 이상의 내용을 바탕으로 이 구절을 의역하면 '시방 삼세의 모든 부처님은 피안에 이르게 하는 완전한 지혜〔반야바라밀다〕를 실천하여〔의지하여〕 최상의 완전한 깨달음인 아뇩다라삼먁삼보리〔무상정등각〕을 증득했다'는 뜻이 됩니다.

이상으로 공능분의 해설을 마칩니다.

제6장

총결분 (總結分) 을 해설하다

고지반야바라밀다. 시대신주. 시대명주. 시무상주. 시무등등주. 능제일체고. 진불허고. 설반야바라밀다주. 즉설주왈.
아제 아제 바라아제 바라승아제 보디스바하.

故知般若波羅蜜多. 是大神呪. 是大明呪. 是無上呪. 是無等等呪. 能除一切苦. 眞實不虛故. 說般若波羅蜜多呪. 卽說呪曰.
揭帝 揭帝 般羅揭帝 般羅僧揭帝 菩提僧莎訶.

때문에 알아야 한다. 반야바라밀다는 대신주이고, 대명주이고, 무상주이고, 무등등주이다. 일체의 괴로움을 제거하여 진실하며 헛됨이 없기 때문이다. 반야바라밀다의 진언을 설한다. 즉 주문을 설한다.

아제 아제 바라아제 바라승아제 보디스바하

반야바라밀다는 최상최고의 주문임을 알아야 한다

고지(C: 故知, SKT: tasmājjñātavyam, E:therefore one should know)

먼저 한역의 '고지(故知)'란 '때문에 알아야 한다'는 뜻입니다. 그러면 '누가' 알아야만 하는 것일까요? 지금 『반야심경』을 읽고 있는 나 자신이라고 할 수 있습니다. 그리고 '무엇'을 알아야 하는가? 그것은 다음에 등장하는 경문, 즉 '반야바라밀다는 대신주, 대명주, 무상주, 무등등주'라는 것을 '알아야 한다'는 것입니다.

범문과 한역을 비교해보면, 범어 따스마뜨(tasmāt) 품사는 부사이고, 뜻은 '그러므로'입니다. 그래서 현장 스님은 이것을 '까닭 고(故)'로 한역했습니다.

그리고 범어 '쥬냐따위양(jñātavyam)'을 필자는 '알아야만 한다'라고 번역했습니다만, 현장 스님은 이것을 알 지(知)로 한역했습니다.

그러므로 이 구절은 '그러므로 알아야만 한다'라고 해석합니다. 다시 말해 '그러므로 반야바라밀다는 대신주, 대명주, 무상주, 무등등주라는 것을 알아야만 한다'는 것입니다.

무엇을 알아야 하는가?

'반야바라밀다는 대신주, 대명주, 무상주, 무등등주'라는 것을 '알아야 한다'
는 것이다.

반야바라밀다는 대신주, 대명주, 무상주, 무등등주이다

반야바라밀다(C:般若波羅蜜多, SKT:prajñāpāramitā, E:The perfection of wisdom)

시대신주(C: 是大神呪, SKT:mahā-mantro, E:The great spell)

시대명주(C:是大明呪, SKT:mahā-vidyā-mantra, E:The spell of great knowlegde)

시무상주(C:是無上呪, SKT:anuttara-mantra, E:The utmost spell)

시무등등주(C:是無等等呪, SKT:asamasama-mantra, E:The unequalled spell)

먼저 한역을 번역하면, '반야바라밀다는 대신주, 대명주, 무상주, 무등등주이다'라는 의미입니다. 여기서 대신주란 '크고 신묘한 주문〔진언〕'이라는 뜻입니다. '대'는 크다는 뜻이고, 신은 신묘하고 불가사의한 힘, 즉 영력(靈力)을 말합니다. 주(呪)는 범어 만뜨라(mantra)의 한역이며, 진언·다라니라고도 합니다. 현장 스님의 한역에는 '신(神)'을 임의적으로 삽입하여, 대신주(大神呪)라고 하였습니다.

다만 현장 스님의 한역은 '반야바라밀다'가 주어이고, 대신주·대명주 등이 술어로 되어 있는데, 범본에서는 '쁘라즈냐-빠라미따(prajñāpāramitā)'와 '마하-만뜨라(mahā-mantra)'는 복합어로 '반야바라밀다의 커다란 진언〔大呪〕'이라는 의미입니다.

그리고 대명주란 '크고 밝은 주문'이라는 뜻입니다. 대(mahā)는 '커다란', '명(明, vidyā)'이란 광명(光明)의 명(明)으로서 반야의 진언이야말로 영원히 빛나는 부처님의 신성한 말씀이라는 뜻입니다. 그러나 '명(明)'은 지혜나 지식 또는 깨달음이라는 의미도 있습니다. 그래서 '커다란 깨달음의 진언'이라고 번역해도 무방할 것 같습니다. 이처럼 진언은 마음의 어둠을 부수고, 사방을 밝게 비추는 활동을 하는 것입니다.

무상주란 부정어 '안(an)'과 최상이라는 뜻의 웃따라(uttara)와 '주문'이라는 만뜨라(mantra)가 합쳐진 말로, '최고·최상의 주문'이라는 의미입니다. 구마라집 스님은 '명(明)'을 삽입하여 '무상명주'라고 한역하였습니다.

무등등주란 더 이상 비슷한 종류(比類)가 없다는 것(無等等, asamasama), 이른바 그 어떤 것과도 비교할 수 없는 가장 뛰어난 주문이라는 뜻입니다. 범문 '아사마사마(a-sama-sama)'에서 'a'는 부정, '사마(sama)'는 '같다(等)'는 의미입니다. 그래서 한역에서는 '무등등(無等等)'이라고 하였습니다. 구마라집 스님은 '명(明)'을 삽입하여 '무등등명주'라고 한역하였습니다.

이상과 같이 현장 스님의 한역에서는 '반야바라밀다'를 주어, 대신주·대명주 등을 술어로 해석하여, '반야바라밀다는 대신주·대명주·무상주·무등등주이다'라고 한역하고 있습니다.

그러나 범문에서는 "반야바라밀다의 커다란 진언, 커다란 깨달음의 진언, 무상(無上)의 진언, 무비(無比)의 주문(진언)은 모든 괴로움을 제거하고 헛됨이 없기 때문에 진실하다."라고 합니다. 여기서 주어는 반야바라밀다의 주문(무상주, 대명주 등)이고, 술어는 뒤에 등장하는 '능제일체고, 진실불허'입니다. 필자의 생각으로는 한역보다 범문이 내용의 이해가 더 쉬운 듯합니다.

반야바라밀다는 괴로움을 제거하며, 진실하다

능제일체고 진실불허고 설반야바라밀다주 즉설주왈(C:能除一切苦. 眞實不虛故.
說般若波羅蜜多呪. 卽說呪曰. SKT:sarva-duḥkha-praśamanaḥ satyam amithyatvāt prajñāpāramitāyām ukto
mantraḥ, tad yathā. E:allayer of all suffering, it is truth because it is not false, by the prajñāpāramitā has this spell
been delivered, it runs like this.)

이 경문의 한역을 해석하면 "일체의 괴로움을 제거하여 진실하며 헛됨이 없
기 때문이다. 반야바라밀다의 진언을 설한다. 즉 주문을 설한다."가 됩니
다. 한역과 범문을 종합하여 필자 나름대로 해석하면 "반야바라밀다의 진언
〔주문〕은 대명주, 대신주, 무상주, 무등등주이다. 이런 반야바라밀다의 진언은
뛰어난 힘을 가지고 있기 때문에 일체의 괴로움을 제거해 주며, 진실하여 헛
됨이 없다. 그것은 이와 같다."가 됩니다.

간혹 주문은 비를 내리게 하거나 병을 낫게 하거나 귀신을 물리치게 하
는 등의 갖가지 효험이 있다고 믿는 사람도 있지만, 『반야심경』에서는 반야
바라밀다의 주문이 진실하여 거짓이 없기 때문에 모든 괴로움을 없애준다
고 합니다.

이상과 같이 반야바라밀다는 최고·최상의 주문으로서, 그것이 바로 '아제
아제 바라아제 바라승아제 보디스바하'입니다.

주문을 비를 내리게 하거나 병을 낫게 하거나 귀신을 물리치게 하는 등 효험이 있다고 믿는 사람도 있지만, 『반야심경』에서는 반야바라밀다의 주문은 진실하여 거짓이 없기 때문에 모든 괴로움을 없애준다고 한다.

최상·최고의 주문, 아제 아제 바라아제

진언이란

『반야심경』의 마지막 구절은 18자로 이루어진 '아제 아제 바라아제 바라승
아제 보디스바하[모지사바하]'라는 주문[진언]입니다.

먼저 이 구절을 설명하기에 앞서 '주문[진언]'이라는 말에 대해 살펴보고자
합니다. 앞에서 간단하게 말한 적이 있는데, 주문(呪文)이란 무언가를 바라고
'빈다'는 말입니다. 범어 만뜨라(mantra)의 번역이지만, 진실한 말[진언]이라고
도 하며, 음사하여 만다라라고도 합니다.

또한 주문[진언]은 유지·파악·기억 등의 의미를 가진 다라니(陀羅尼, dhāraṇī),
모든 것을 지탱해 준다는 의미의 총지(摠持), 능히 기억하고 유지시켜 준다는
의미의 능지(能持), 모든 악을 제거해 준다는 의미에서 능차(能遮)라고도 합니
다. 결국 진언[주문]은 부처님의 가르침[경전]의 핵심으로서 번뇌를 제거해 주
며, 일체의 공덕을 갖추고 있다는 것입니다. 다시 말하면 진언은 무량한 공
덕을 갖춘 진실한 말, 신성한 말이라는 것입니다.

진언을 염송하는 이유

그러면 우리는 무엇 때문에 진언을 염송(念誦)할까요? 도대체 '한 글자' 또는
'한 문장'으로 된 간단한 진언을 왜 그렇게 좋아할까요?

첫째, 진언에는 불가사의한 힘이 있기 때문입니다. 그래서 독송하면 모
든 번뇌의 근원이자 윤회의 주체인 무명(無明)을 제거하게 됩니다. 다시 말해
『반야심경』의 진언을 무심(無心)으로 독송하고, 그 독송하는 소리를 듣는 것

은 무명을 제거하는 커다란 힘이 된다는 것입니다.

유식으로 설명하면, 조용히 무심으로 독송하는 행위는 자기도 모르게 정문훈습(正聞薰習)이 되어 제8 아뢰야식에 심어지고, 그로 인해 마음의 심층심부터 정화된다는 것입니다. 정문훈습이란 바른 말(正言)이나, 바른 가르침(正教)을 반복(習)해서 듣고(聞), 그것을 제8 아뢰야식 속에 자신도 모르게 훈습(薰習)해가는 것을 말합니다.

또한 진언의 한 글자, 한 글자에 천 가지 또는 만 가지의 도리가 포함되어 있기 때문입니다. 진언의 '한 글자, 한 글자에 천 가지의 도리가 있다'고 하는 것은, 진실한 말(진언)은 굉장한 에너지와 힘을 가지고 있다는 것입니다.

심지어 불교 이전의 바라문교에서는 만뜨라(mantra), 즉 진언에 신(神)도 부릴 수 있는 힘이 있다고 생각했습니다. 부처님은 이런 생각에 반대했지만, 대승불교에서는 이러한 진언이나 다라니를 수용하였습니다.

앞에서도 언급했지만, 진언을 '다라니' 또는 합쳐서 '다라니 주문'이라고 하는데, 유식의 논서인 『유가사지론』(45권)에는 4종류의 다라니를 제시합니다. 즉 법다라니(法陀羅尼), 의다라니(義陀羅尼), 주다라니(呪陀羅尼), 인다라니(忍陀羅尼)가 그것입니다. 이 중에 '주다라니'의 주(呪)는 만뜨라, 즉 진언이기 때문에 『반야심경』의 주문도 주다라니에 해당한다고 할 것입니다. 다시 말해 유식 논서에서는 다라니를 만뜨라(진언)보다 상위 개념으로 사용하고 있는 듯합니다. 게다가 『유가사지론』에서는 '주다라니'가 "능히 갖가지의 재앙과 걱정(災患)을 제거한다."고 설하고 있기 때문에, 주다라니(呪陀羅尼), 즉 진언의 힘을 믿고 『반야심경』의 주문(아제. 아제. 바라아제)을 염송하면 표층의 행위가 반드시 정문훈습(正聞薰習)이 되어 심층의 제8 아뢰야식을 정화하게 된다는 것입니다.

『반야심경』의 진언(아제. 아제)을 염송하면, 몇 초밖에 걸리지 않습니다. 그러나 잘 생각해보면 진언은 순간순간 생겼다가 소멸합니다. 단지 한 글자〔一字〕, 한 소리〔一音〕만이 존재할 뿐 '아제 아제'는 없는 것입니다. 그러나 이 한 글자, 한 소리에 천 가지의 도리가 있습니다. 그 '도리'는 간단하게 말하면, '이것이 있으면 저것이 있고, 이것이 없으면 저것도 없다'는 연기의 도리입니다.

유식의 용어로 말하면, 아뢰야식 연기의 도리입니다. 이것은 표층심과 심층심이 서로 인과관계에 있다는 도리입니다. 표층심〔전5식, 제6 의식〕이 있기 때문에 심층심〔제8 아뢰야식〕이 있고, 심층심이 있기 때문에 표층심이 있다는 것입니다. 따라서 더러운 표층심이 있으면 더러운 심층심이 있고, 반대로 더러운 표층심이 없어지면 더러운 심층심도 없어지는 것입니다.

사족이지만, 필자가 진언, 주문, 다라니를 혼용해서 사용했기에 독자들께서 혼란스러울 것입니다. 독자들께서는 진언〔만뜨라〕, 주문, 다라니를 같은 의미로 이해하면 될 것입니다.

진언은 번역하지 않는다

『반야심경』의 이 경문은 주문〔진언〕으로서 번역이 아니라 소리 나는 대로 옮겨 적었습니다. 즉 음사한 것입니다. 그 이유는 크게 2가지 이유 때문입니다.

첫째, '진언'은 문법적으로 정상적인 범어가 아니라, 속어적(俗語的)인 용법이라서 여러 가지로 번역할 수 있기 때문에 정확한 번역은 할 수 없습니다. 실제로 『반야심경』의 주문〔아제 아제 바라아제 바라승아제 보디스바하〕도 3가지로 해석 가능하기 때문에 번역하지 않습니다.

둘째, '아제 아제 바라아제 바라승아제 보디스바하'의 진언은 『반야심경』 본문의 내용을 총괄하고, 신비적으로 나타낸 것이기 때문에 예로부터 번역하지 않고 단지 음사하였습니다.

이런 이유에서 『반야심경』에 대한 주석서를 남긴 원측 스님도 『반야심경』

의 주문[아제 아제 바라아제 바라승아제 보디 스바하]에 대해 "번역하면 효험을 잃기 때문에 범어로 둔다."고 하였습니다.

이처럼 동북아시아에서 진언을 번역하지 않은 가장 큰 이유는 이것을 문법 체계가 전혀 다른 한자로는 충분히 그 의미를 살릴 수 없을 뿐만 아니라 신비하기 때문이었습니다. 그래서 한역뿐만 아니라 티베트 역에서도 진언은 음사만 하고 내용은 번역하지 않았습니다. 한국불교에서도 예로부터 진언 자체에 큰 공덕이 있다고 믿어 번역하지 않고 암송하였습니다. 그리고 현장 스님도 '5종불번'이라고 하여 한자로 번역할 수 없는 다섯 종류를 열거하고 있습니다.

5종불번

『반야심경』의 한역자인 현장 스님은 '5종불번(五種不翻, 다섯 종류는 한자로 번역하지 않는다)'이라고 하여 한자로 번역할 수 없는 다섯 종류를 열거하고 있습니다.

첫째는 인도에는 있지만 중국에는 없는 동물, 식물, 인명 등입니다. 예를 들면 잠부(jambu)나무를 염부수(閻浮樹)로 음사한 경우입니다. 그런데 음사를 하면 식물이나 동물을 구체적으로 상상할 수 없다는 것입니다. 일례로 티베트에서는 11세기부터 본격적으로 범어 불전을 티베트어로 번역하기 시작했는데, 중국과 마찬가지로 그들 역시 코끼리나 고래 등과 같이 자기 나라에 없는 동물이나 식물을 어떻게 번역할지가 고민이었습니다. 그래서 그들은 코끼리를 '큰 소[큰 야크]', 고래를 '큰 물고기'로 번역하였습니다.

둘째는 하나의 말속에 많은 의미를 포함하고 있는 말입니다. 예를 들면 바가와뜨(bhagavat)는 자재(自在)·치성(熾盛)·단엄(端嚴)·명문(名聞)·길상(吉祥)·귀존(貴尊)·세존(世尊) 등의 여러 의미가 있습니다. 이런 경우에도 번역하지 않고 단지 음사하였습니다.

열반이라는 말도 음사인데, 의역하면 안온(安穩)·적멸(寂滅)·적정(寂靜) 등으로 번역할 수 있습니다. 그런데 안온(安穩)이라고 번역하면 '편안함'이라는 의미에 한정됩니다. 초기경전에서는 생사를 벗어나서 열반에 이른다고 생각했지만, 대승불교에서는 무주처열반이라는 새로운 열반을 제시합니다. 이 열반은 단지 생사에서 해탈한 열반이 아니라, 생사에도 머물지 않고 열반에도 머물지 않는, 즉 생사에도 구속되지 않고 열반에도 구속되지 않는 보살의 삶의 방식을 말하는 것입니다. 즉 고(생사)와 낙(열반)의 양쪽에 걸쳐 있으면서 사람들을 계속해서 구제하는 삶의 방식이라는 것입니다. 따라서 여기에는 '편안함'이라는 뜻만 있는 것이 아닙니다. 이런 이유에서 빨리어 '닙바나'를 열반으로 음사한 것입니다.

셋째는 진언와 같은 비밀스러운 어휘는 번역하지 않았습니다. 그래서 전통적으로 『반야심경』의 진언도 번역하지 않고 음사했던 것입니다.

넷째는 옛날부터 관습적으로 사용된 것은 번역하지 않았습니다. 다시 말해 현장 스님 이전에 음역이 정착된 어휘는 번역하지 않았습니다. 예를 들면 아눗따라(anuttara)는 기존의 음역인 '아뇩다라'를 그대로 차용하였습니다.

다섯째는 번역하면 원어가 가지고 있는 본래의 가치를 잃어버릴 경우에도 번역하지 않았습니다. 예를 들면 쁘라즈냐(prajñā)와 같은 심오한 의미는 번역하지 않았습니다. 물론 쁘라즈냐를 '지혜'라고 번역할 수도 있지만, 왠지 가벼운 느낌이 듭니다.

이런 5가지 이유로 현장 스님은 번역하지 않고 음사하였습니다.

앞에서 말한 반야의 주문도 '비밀'이라는 이유 때문에 현장 스님도 번역하지 않고 음사했을 뿐입니다. 주문은 번역하지 않는 것이 불교의 오랜 전통이지만, 독자의 이해를 돕기 위해 진언을 번역해 보겠습니다.

진언이란

주문(呪文)이란 유지·파악·기억 등의 의미를 가진 다라니(陀羅尼, dhāraṇi), 모든 것을 지탱해 준다는 의미의 총지(摠持), 능히 기억하고 유지시켜 준다는 능지(能持), 모든 악을 제거시켜 준다는 능차(能遮)라고도 함. 즉 진언[주문]은 부처님의 가르침[경전]의 핵심으로 번뇌를 제거해 주며, 일체의 공덕을 갖고 있음을 말함.

진언을 염송하는 이유

첫째, 진언은 불가사의한 힘이 있기 때문임. 유식으로 설명하자면, 조용히 무심으로 독송하는 행위가 자기도 모르게 정문훈습(正聞薰習) 되어 제8 아뢰야식에 심어져, 마음이 심층심부터 정화되기 때문임.

둘째, 진언 '한 자, 한 자에 천 가지의 도리가 있다'는 것은, 진실한 말[진언]에는 굉장한 에너지와 힘을 가지고 있다는 말임.

진언은 번역하지 않는다

첫째, '진언'은 문법적으로 정상적인 범어가 아니라, 속어적(俗語的)인 용법이라서 여러 가지로 번역할 수 있기 때문에 정확한 번역을 할 수 없기 때문임.

둘째, '아제 아제 바라아제 바라승아제 보디스바하'의 진언은 『반야심경』 본문의 내용을 총괄하고, 신비적으로 나타낸 것이기 때문에 예로부터 번역하지 않고 단지 음사한 것임.

5종불번

첫째는 인도에는 있지만 중국에는 없는 사물[동물, 식물, 인명, 지명 등]

둘째는 하나의 말속에 많은 의미를 포함하고 있는 경우

셋째는 다라니[진언]와 같은 비밀스러운 어휘는 번역하지 않음. 『반야심경』의 진언도 번역하지 않고 음사함.

넷째는 옛날부터 습관적으로 사용한 것은 번역하지 않음.

다섯째는 원어가 가지고 있는 본래 가치를 잃어버리는 경우에도 번역하지 않음.

아제 아제

처음 등장하는 진언인 '아제 아제(揭帝 揭帝)'는 범어 '가떼(gate) 가떼(gate)'의 음사입니다. 가떼는 3가지로 해석 가능합니다.

첫째, 가떼는 동사어근 '가다'는 뜻의 √감(gam)에서 파생한 것으로, 이것을 과거수동분사 형태인 '가따(gata, 갔다)'로 만들고, 이 '가따(gata)'를 여성명사 가따—(gatā)로 격변화한 것입니다. '가따—(gatā)'는 '가따—(gatā)'의 단수, 호격으로 '가는 자여! 가는 자여!'라는 의미입니다.

둘째, '가떼(gate)'의 어미 '떼(te)'에 대해서는 다른 해석도 가능합니다. 만약 '떼(te)'를 '가따(gata)'의 처격(locative)으로 보면 '갈 때에'라는 의미가 됩니다. 즉 '가떼(gate)'를 '가따(gata)'의 처격으로 해석하면 '갔을 때에, 갔을 때에, 저쪽[피안]에 갔을 때에, 완전하게 저쪽[피안]으로 갔을 때에, 깨달음이여! 행복이 있어라!'라는 의미가 됩니다.

셋째, '가떼(gate)'를 단순히 동사어근 √감(gam)의 과거수동분사로 해석하면 '도달했다'는 의미가 됩니다. 그래서 '가떼(gate)'를 단순히 과거수동분사로 취급하여 주문을 해석하면 "도달했다, 도달했다, 저쪽에 도달했다, 완전하게 저쪽에 도달했다. 깨달음이여! 행복이 있어라!"라는 의미가 됩니다. 이것을 근거로 막스 뮐러 박사는 "Oh! wisdom, Gone, Gone, Gone to the other shore, landed at the other shore, svāhā."라고 영역하고, 에드워드 콘즈 박사도 '가떼(gate)'를 'gone'으로 영역하여 '감(gam)'의 과거수동분사로 해석하고 있습니다. 필자는 '가는 자여! 가는 자여!'라는 말이 독자에게 이해하기 쉬울 것 같아서 '가떼(gate)'를 '가는 자여!'라고 번역하였습니다.

'아제 아제(揭帝 揭帝)'는 범어 '가떼(gate) 가떼(gate)의 음사

아제 아제는 3가지 의미로 해석 가능함.

첫째, '가-따(gata)'의 단수·호격으로 '가는 자여! 가는 자여!'라는 뜻임.

둘째, '가떼(gate)'를 '가따(gata)'의 처격(locative)으로 보면 '갈 때에'라는 뜻임.
즉 '갔을 때에, 갔을 때에, 저쪽[피안]에 갔을 때에, 완전하게 저쪽[피안]으로 갔을
때에, 깨달음이여! 행복이 있어라!'는 뜻임.

셋째, '가떼(gate)'를 '도달했다'는 뜻임.
그러면 "도달했다, 도달했다, 저쪽에 도달했다, 완전하게 저쪽에 도달했다.
깨달음이여! 행복이 있어라!"는 뜻임.

'아제 아제'는 첫째,
가는 이를 부르는 의미로,
둘째, 위치의 의미로, 셋째,
도달했음으로 해석할 수
있지요.

바라아제·바라승아제·모지사바하

'바라아제(般羅揭帝)'는 빠-라가떼(pāragate)의 음사입니다. '바라(般羅)'는 '저쪽'을 뜻하는 빠-라(pāra)의 음사입니다. '아제(揭帝)'는 가떼(gate)의 음사로 '가다'라는 뜻의 동사원형 √감(gam)에서 파생한 것으로, 이것을 과거수동분사의 '가따(gata)'로 만들고, 이 '가따(gata)'를 여성명사로 만든 것이 가따-(gatā)입니다. 그래서 '빠-라가떼(pāragate)'는 여성명사 '빠-라가따-(pāragatā)'의 단수, 호격입니다. 번역하면 '저쪽(피안)으로 가는 자여!'라는 의미로 '피안', 즉 '깨달음의 세계로 간다'는 의미입니다.

또한 '바라승아제(般羅僧揭帝)'는 '빠-라 상가떼(pāra-saṃgate)'의 음사입니다. '빠-라 상가떼(pāra-saṃgate)'는 여성명사 '빠-라상가따-(pārasaṃgatā)'의 단수, 호격으로, '빠-라(pāra)'는 '저쪽(피안)', 접두사 '상(saṃ)'은 '완전히', '가떼(gate)'는 '가는 자여'라는 뜻입니다. 그래서 '빠-라 상가떼(pāra-saṃgate)'를 해석하면 '피안으로 완전히 가는 자여!'라는 의미가 됩니다. 즉 범부가 부처의 세계에 도달하여 '부처가 된다'는 뜻입니다.

그리고 '모지사바하(菩提僧莎訶)'는 보디 스와하(bodhi svāhā)의 음사입니다. '보디(bodhi)'는 '깨달음이여!'라는 의미입니다.

'스와하(svāhā)'는 모든 진언의 마지막에 반드시 붙는 것으로, 소원 성취를 기원하는 기도의 말입니다. 번역하면 '행복이 있어라!'라는 의미입니다. 기독교의 '아멘'과 비슷한 말입니다. 필자는 "가는 자여! 가는 자여! 저쪽으로 가는 자여! 완전하게 저쪽으로 가는 자여! 깨달음이여! 행복이 있어라."라고 번역하였습니다.

'바라아제(般羅揭帝)'는 빠—라가떼(pāragate)의 음사.
'빠—라가떼'를 여성명사 '빠—라가따(pāragatā)'의 단수·호격으로 간주하면,
'저쪽(피안)으로 가는 자여!'라는 뜻임.

'바라승아제(般羅僧揭帝)'는 '빠—라 삼가떼(pāra-saṃgate)의 음사.
'빠—라 삼가떼'는 '피안으로 완전히 가는 자여!'라는 뜻임.

'모지사바하(菩提僧莎詞)'는 보디 스와하(bodhi svāhā)의 음사.
'보디(bodhi)'는 여성명사 '보디(bodhi)'의 단수·호격으로 간주하면, '깨달음이여!'
라는 뜻임.
'스와하(svāhā)'는 모든 진언[다라니]의 마지막에 반드시 붙는 것으로 소원 성취를
기원하는 기도의 말. '행복이 있어라!'는 뜻임.

필자는 '아제 아제 바라아제 바라승아제 모지사바하'를
"가는 자여! 가는 자여! 저쪽으로 가는 자여! 완전하게 저쪽으로 가는 자여!
깨달음이여! 행복이 있으라."라고 번역.

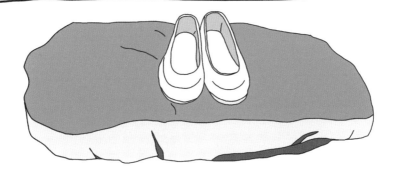

반야바라밀다심경을 마치다

다음으로 현장 스님의 한역에는 없는 범문의 마지막 문장을 번역하겠습니다. 그것은 "이띠 쁘라즈냐 빠라미따 흐리다얌 사마쁘땀(iti prajñā-pāramitā-hṛdayaṃ samāptam)"인데, 영역하면 "this complete the heart of perfect wisdom"이고, 우리말로 번역하면 "이상으로 반야바라밀다심〈경〉을 마쳤다."라는 뜻입니다.

범문에서 '이띠(iti)'는 앞의 문장이나 글을 정리할 때 사용하는 말입니다. 그래서 '~라는·또는 이상으로'라고 해석했습니다.

'쁘라즈냐 빠라미따(prajñā-pāramitā)'와 '흐리다얌(hṛdayaṃ)'에 대해서는 이미 앞에서 설명하였기 때문에 생략합니다.

그리고 '사마쁘땀(samāptam)'은 동사어근 sam-√āp(완결하다)에 과거수동분사(ta)로 만든 것으로 중성명사, 단수, 주격입니다. 그래서 '마쳤다'라고 해석하였습니다.

그런데 원래 범본에는 『반야심경』이라는 경전의 제목이 없습니다. 제목을 설명할 때 이미 말했듯이, 한역자인 구마라집 스님이나 현장 스님이 경전 말미의 이 구절을 가져와 경전의 이름으로 채택한 것 같습니다.

이상으로, '도표로 읽는 반야심경'을 마칩니다.

나마스떼(namaste)

범문의 마지막 문장은
"이띠 쁘라즈냐빠라미따 흐리다얌 사마쁘땀(iti prajñāpāramitā-hṛdayaṃ samāptam)."
영역하면 "this complete the heart of perfect wisdom"이며,
한글로 번역하면 "이상으로 반야바라밀다심〈경〉을 마쳤다"라는 뜻임.

범본에는 『반야심경』이라는 경전의 제목이 없었음.
한역자인 구마라집 스님이나 현장 스님이
경전 말미의 이 구절을 가져와 경전 제목으로 채택한 것 같음.

참고문헌

• 권오석 저, 『해설 반야심경』, 홍익신서, 1997.

• 김명우 편역, 『반야바라밀다심경』, 빛과 글, 2002.

• 김명우 지음, 『유식의 삼성설 연구』, 한국학술정보, 2008.

• 김명우 지음, 『범어로 반야심경을 해설하다』, 민족사, 2010.

• 김명우 지음, 『유식삼십송과 유식불교』, 예문서원, 2010.

• 김명우 지음, 『마음공부 첫걸음』, 민족사, 2011.

• 김명우 지음, 『왕초보 반야심경 박사 되다』, 민족사, 2011.

• 김명우(허암) 지음, 『불교에서의 죽음 이후, 중음세계와 육도윤회』, 예문서원, 2016.

• 김명우(허암) 지음, 『49재와 136지옥』, 운주사, 2022.

• 김명우(허암), 구자상 지음, 『감산의 백법논의와 팔식규구통설 연구와 유식불교』,
  예문서원, 2022.

• 달라이 라마 지음, 주민황 옮김, 『달라이 라마의 반야심경』, 무우수, 2004.

• 모로 시게키 지음, 김명우(허암) 옮김, 『오온과 유식』, 민족사, 2018.

• 법상 지음, 『반야심경과 마음공부』, 도서출판 무한, 2007.

• 스가누마 아키라 지음, 이지수 옮김, 『산스크리뜨의 기초와 실천』, 민족사, 1993.

• 요코야마 코이츠 지음, 김명우(허암) 옮김, 『마음의 비밀』, 민족사, 2013.

• 요코야마 코이츠 지음, 김명우(허암) 옮김, 『유식으로 읽는 반야심경』, 민족사, 2016.

• 이종철 지음, 『중국불경의 탄생』, 창비, 2008.

• 에드워드 콘즈 지음, 임옥균, 진현종 옮김, 『불교 지혜의 원천』, 경서원, 1990.

• 정병조 지음, 『반야심경의 세계』, 한국불교연구원, 1999.

• 하영진 지음, 『이르는, 이르는 그곳에서 아! 깨달음이여』, 경서원, 2003.

• 효도 가즈오 지음, 김명우 옮김, 『유식불교, 유식이십론을 읽다』, 예문서원, 2011.

• 김명우, 『백일법문』에 나타난 퇴옹 성철의 유식사상 「심소법(변행·별경)을 중심으로」, 『퇴옹학보』 17집, 성철사상연구원, 2021.

• 辻直四郎, 『サンスクリット文法』, 岩波全書, 1993.

• 二宮陸雄, 『サンスクリット語の構文と語注』, 平河出版社, 1989.

• 中村 元·紀野一義 譯註, 『般若心經 金剛般若經』, 岩波文庫, 1962.

• 齊藤保高外, 『チベットの般若心經』, 春秋社, 2002.

• 友松圓諦, 『般若心經講說』, 大法輪閣, 1982.

• 横山紘一, 『唯識 わが心の構造』, 春秋社, 2001.

• 江島惠教, 『仏教の原点入門』, ひゅうまん, 1977.

• 下田正弘 外, 『大乘經典解說辭典』, 大藏出版社, 1997.

• 松長有慶 外, 『望月佛教大辭典』, 世界聖典刊行協會, 1980.

• 中村元, 『佛教語大辭典』, 東京書籍, 1981.

• 萩原雲來, 『梵和大辭典』, 講談社, 1975.

• 横山紘一, 『唯識 佛教辭典』, 春秋社, 2010.

• 大法輪閣編輯部編, 『特集 般若心經を解く』, 大法輪閣, 1982.

• 『大法輪』, 「釋尊 十代弟子」, 제53권 10호, 1986.

- Buddhist Wisdom Books–The Daimond Sutra, The Heart Sutra by Edward Conze, 1958.

- The Ancient Palm–leaves Containing the prajñāpāramitā–hṛdaya–sūtra and Ushnisha–vigaya–dhāranī Edited by F. Max Müller and Bunyiu Nanjio, Clarendon Press, Oxford, 1884, Anecdota Oxoniensia, Aryan Series, Vol.1, part3.

- M. K. KALE, A Higher SANSKRIT GRAMMAR, MOTILAL BANARSIDASS PUBLHERS PRAVITE LIMITED. DELHI, 1992.

- Monier Williams, Sanskrit–English Dictionary, London, The University of Oxford Press, 1899.

- V. S. Apte, THE PRACTICAL SANSKRIT–ENGLISH DICTIONARY, RISEN BOOK COMPANY, 1992.

도표로 읽는 반야심경

초판 1쇄 인쇄   2024년 2월 15일
초판 1쇄 발행   2024년 2월 20일

지은이   김명우
그린이   배종훈

펴낸이   윤재승
펴낸곳   민족사
주간   사기순
디자인   남미영
기획홍보   윤효진
영업관리   김세정

출판등록   1980년 5월 9일 제1-149호
주소   서울 종로구 삼봉로 81 두산위브파빌리온 1131호
전화   02-732-2403, 2404
팩스   02-739-7565
웹페이지   www.minjoksa.org, www.facebook.com/minjoksa
이메일   minjoksabook@naver.com

ⓒ 김명우 • 배종훈 2024
ISBN 979-11-6869-047-9 03220